ИЗБРАННОЕ

Карлос Портер

SELECTED WORKS
Carlos Whitlock Porter
(in Russian)

ИЗБРАННОЕ
Карлос Портер

(c) 2013 by Carlos Whitlock Porter. All rights reserved.

Содержание

Интервью с Карлосом Портером 4

Процессы над «военными преступниками» 14

Йель Едейкин наносит ответный удар 20

Мыло из человеческого жира 56

Роберт Вульф и хуцпа 80

Письмо от одной еврейки 98

Слава Сталину! 116

«Япошки съели мой жёлчный пузырь» 120

Письмо от Катерины Колохэн 131

Различия между фашистами и национал-социалистами 141

Невиновные в Нюрнберге 146

ИНТЕРВЬЮ С КАРЛОСОМ ПОРТЕРОМ

Журнал «Кровь и честь»

«Кровь и честь»: Здравствуйте, г-н Портер! Позвольте начать с самого типичного вопроса, который только можно задать: не могли бы вы кратко представиться нашим читателям?

Насколько мне известно, я – единственный человек, прочитавший весь сборник материалов Нюрнбергского процесса, причём не один, а несколько раз. У меня есть три различные версии этих материалов. Также у меня имеется полный сборник материалов Токийского процесса – 52 тысячи страниц.

Мой сайт (http://www.cwporter.com) содержит 900 файлов о «военных преступлениях» и Нюрнбергском процессе, включая 600 иллюстраций, – отсканированные страницы материалов Нюрнбергского процесса, фотокопии так называемых «оригинальных» нюрнбергских документов и переводы. Многие их цитируют, но никто их не читает. Некоторые из этих документов были переведены на английский язык впервые. Большинство историков вообще их никогда не видело. У меня есть множество сборников по праву, уголовному праву, международному праву общей стоимостью в тысячи долларов. Кроме того, я написал ряд статей по международному праву, среди которых: «Процессы над "военными преступниками"», «The Myth of the Illegality of German Concentration Camps», «The Meaning of "War Crimes" and "War Criminal" in Pre-1945 International Law».

Нюрнберг был беззаконием. В международном праве нет ничего такого, что давало бы победителю право менять его по своему усмотрению. Послевоенные процессы не имеют никаких юридических оснований. Возможно, исключение составляют некоторые второстепенные японские процессы, но я сомневаюсь.

В 1900 году Великобритания вторглась в бурские республики, превратила Западный Трансвааль, по их собственному выражению, в «дымящуюся пустыню», поместила 110 тысяч женщин и детей в концлагеря, где 28 тысяч из них умерло, и затем, после войны, англичане имели наглость судить и расстрелять двух бурских офицеров за «злоупотребление парламентёрским флагом»! Вы только даром потеряете время, если станете искать правосудие в каких-либо послевоенных процессах. Они – не что иное, как продолжение войны.

«Кровь и честь»: *Если не ошибаюсь, ваша первая работа «Холокост: сделано в СССР» («Made in Russia: The Holocaust») посвящена нелепым преувеличениям союзников в том, что касается так называемого «геноцида евреев». Не могли бы вы назвать некоторые из них?*

Убийство людей паром как раков в 10 «паровых камерах» Треблинки; убийство с помощью массовых электрошокеров; убийство атомными бомбами; убийство в Заксенхаузене 840 тысяч советских военнопленных за 30 дней с помощью машины для выбивания мозгов, управляемой при помощи ножного рычага, и последующее их сожжение в 4 переносных печах; ещё один метод убийства состоял в том, что людей заставляли взбираться на деревья, после чего деревья срубались; использование камер для жаренья живьём, камер с негашеной известью, вакуумных камер и т.д. и т.п. Я собрал около ста этих и других примеров чудовищных документальных нелепостей и случаев нарушения закона со стороны союзников. В книге 415 страниц и рассматриваются в ней исключительно материалы обвинения.

Начинается книга с риторического вопроса: если немцы истребили газом миллионы евреев, то верно ли, что они также:

1) убивали людей паром как раков в 10 «паровых камерах» Треблинки;

2) убивали их с помощью массовых электрошокеров;

3) убивали их атомными бомбами;

4) забивали людей до смерти, после чего делали вскрытие, чтобы убедиться, что они мертвы;

5) заставляли людей взбираться на деревья и затем срубали их;

6) убили в Заксенхаузене 840 тысяч советских военнопленных и сожгли их тела в 4 переносных печах;

7) выбивали людям мозги с помощью машины для выбивания мозгов, управляемой при помощи ножного рычага, слушая при этом радио, после чего сжигали тела в 4 переносных печах;

8) пытали и убивали людей под музыку в Яновском лагере в СССР; расстреляли всех членов оркестра;

9) перемололи кости миллионов людей в переносных машинах для перемалывания костей;

10) перемалывали за раз кости 200 трупов (750 кг), согласно исчезнувшим фотографиям и документам; проходили специальные 10-дневные курсы по перемалыванию костей;

11) пороли людей с помощью специальных машин для порки;

12) (обратите внимание, что в фотографиях немецких руководителей, концлагерей и т.д. нет недостатка, зато все фотографии машин для перемалывания костей, переносных печей и т.д. куда-то исчезли);

13) делали абажуры из человеческой кожи;

14) отрезали людям головы и набивали из них чучела; делали бумажники и водительские перчатки для эсэсовцев из человеческой кожи;

15) рисовали порнографические картины на холстах из человеческой кожи;

16) делали книжные переплёты из человеческой кожи;

17) делали сёдла, брюки для верховой езды, перчатки, домашние тапочки и дамские сумочки из человеческой кожи;

18) заставляли евреев поедать друг друга в товарных вагонах;

19) другие «научные эксперименты»; ещё одно нелепое обвинение; ещё одна причудливая галлюцинация; ещё один пример немецкой эффективности;

20) пытали людей в «пыточных ящиках», серийно выпускавшихся фирмой Круппа;

21) убивали людей за то, что те спали в нижнем белье; убивали людей за то, что те носили грязное нижнее бельё; носили нижнее бельё, отобранное у людей, убитых в газовых камерах; (в Германии что, не было нижнего белья?); убивали людей за то, что у тех были волосы на подмышках; набивали стулья человеческими волосами; (возражение со стороны подсудимого Геринга); делали носки из человеческих волос; (вообще-то правильный перевод – башмачки из волосяной пряжи для экипажей подводных лодок); собрали семь тонн человеческих волос для изготовления носков; собрали в Освенциме 293 тюков человеческих волос (семь тонн чистого веса) для набивки матрасов и изготовления носков; убивали людей в Освенциме в газовых камерах, после чего уничтожали их тела негашеной известью;

22) использовали человеческий пепел для ремонта дорог; смешивали человеческий пепел с навозом и продавали его;

23) сжигали человеческие тела, используя в качестве горючего человеческий жир; сжигали человеческие тела без капли горючего после того, как выносили их из газовых камер без противогазов; сожгли 80 тысяч тел в 2 старых печах;

24) сжигали человеческие тела в ямах, выкопанных на болотистой равнине, которая замерзает в январе, где постоянно идёт дождь и снег и где повсюду грязь (зачем нужно было делать это во время дождя?);

25) давали людям отравленные прохладительные напитки; расстреляли 135 тысяч человек в Смоленске и закопали их как в Катыни; расстреляли 200 тысяч человек в Лисеницком лесу; использовали те же методы сокрытия преступлений, что и в Катыни, и т.д. и т.п.?

«Кровь и честь»: И этот иронический подход сработал?

В каком-то смысле он сработал идеально, поскольку дать на него разумный ответ нельзя. Единственный способ бороться с подобными вещами (если вы хотите верить в законность Нюрнберга) - это попросту игнорировать всю книгу. И её проигнорировали. Если не считать одной-двух смехотворных и мошеннических попыток «объяснить» применение «атомных бомб для уничтожения евреев в Освенциме», книгу почти полностью проигнорировали. Ответить на неё не могут, поэтому все делают вид, что её не существует. С этой точки зрения книга, да, потерпела неудачу.

«Кровь и честь»: Похоже также, что тысячи первоначальных рассказов о холокосте (мыло, абажуры, электроплиты и т.д.), которые мы проходили в школе, сегодня не учитываются.

Вы имеете в виду, что все оригинальные документы куда-то запропастились и что в большинстве случаев нет никаких доказательств того, что оригинальные документы вообще когда-либо существовали? Это действительно так. Громких текстов много, зато оригинальных документов нет вообще. Взять, например, так называемое «пулевое распоряжение». Документ на немецком крайне неразборчив, так что откуда взялся «официальный перевод»? Ответ: сначала был сделан «перевод», а затем был подделан сам «первоначальный» документ. Но даже и так всё было сработано топорно. И это справедливо для всех главных документов: они не представляют никакой ценности. Да, если речь идёт об обвинении, на которое всем наплевать, - например, о «фальшивомонетничестве в Иране», - то вам выложат красивый документ с подписями и всякими прибамбасами. Но и тогда оригинал, как правило, таинственно исчезает. Я привёл также десятки документов от Жан-Клода Прессака.

«Кровь и честь»: Ваша вторая книга «Невиновные в Нюрнберге» продолжает обзор официальных судебных документов. Каков был ваш окончательный вывод? Было ли это необхо-

димым правосудием или попросту правосудием победителей, с помощью которого завоеватель порабощает захваченные земли?

Книга «Невиновные в Нюрнберге», имеющаяся на 8 языках, в том числе на русском, была попыткой изложить аргументы защиты и указать на множество юридических нарушений, которые не были охвачены книгой «Холокост: сделано в СССР». В ней содержится примерно 1.000 ссылок. Вывода там нет; это всего лишь обзор.

«Кровь и честь»: Какие движущие силы и цели стояли за этими проектами?

Вы имеете в виду процессы над «военными преступниками»? Продолжение войны другими средствами. Они сами в этом признались. Роберт Джексон (главный обвинитель от США), например. Судья Дуглас из Верховного суда США сказал, что эти процессы были делом «грубой политической силы» (источник: 1966 Collier's Encyclopedia, «War Crimes Trials»). Интересно, что вся концепция послевоенных репараций и процессов над «военными преступниками» была придумана двумя евреями из Всемирного еврейского конгресса ЗАДОЛГО ДО ПРЕДПОЛАГАЕМОГО «ХОЛОКОСТА» (источник: Nahum Goldman, The Jewish Paradox, Grosset and Dunlap, pp. 122-124; нужно читать между строк). Первоначальной идеей было доить немцев, поскольку несчастные евреи «лишились своего имущества». У них имелся финансовый стимул для выдумывания злодеяний (в то время, как будут гибнуть миллионы неевреев) в войне, которую ОНИ в первый раз объявили 24 марта 1933 года и впоследствии объявляли неоднократно. Войны – это еврейский урожай.

*«Дейли экспресс», 24 марта 1933 года.
Мировое еврейство объявляет войну Германии*

«Кровь и честь»: Вы провели также сравнение с другими «военными преступлениями» XX века. Есть ли здесь какая-то закономерность? Можно ли сравнивать японские, сербские, немецкие, израильские и другие процессы над «военными преступниками»?

Насколько мне известно, здесь нет исключений. Нюрнберг был беззаконием, и все эти процессы также не имеют никакой юридической силы. Взгляните на Сербию. Клинтон разбомбил в пух и прах Афганистан, Сербию и Ирак, чтобы отвлечь внимание от скандала с Моникой Левински, а военным преступником оказался Милошевич! Я восхищаюсь Милошевичем: он относится к Гаагскому суду с презрением, которое тот заслуживает, и защищает себя самостоятельно, причём делает это очень хорошо. Адвокаты в этих делах бесполезны – они недостаточно агрессивны. У меня был один такой адвокат, и, прежде чем я успел его уволить, он уволился сам.

«Кровь и честь»: В 1998 году вы были осуждены немецким судом. Не могли бы вы поделиться подробностями?

25 апреля 1995 года бывший член Вермахта (не СС!) Райнхольд Эльстнер сжёг себя у мюнхенской Галереи полководцев (Feldhernhalle) в знак протеста против того, что он назвал «ниагарским водопадом лжи», падающем на Германию.

«Ранйхольд Эльстнер, 25 апреля 1995 г.:
Твоя смерть – наш луч надежды!»

Мюнхенская полиция имело бесстыдство арестовать людей за то, что они возложили венки на место гибели Эльстнера, и уничтожили все подпалины паяльной лампой. В знак протеста я отправил в Германию 200 экземпляров «Невиновных в Нюрнберге» на немецком языке вместе с письмом, по одному экземпляру – каждой влиятельной газете, журналу и политику страны (Гельмуту Колю, Рихарду Вайцеккеру и ещё пятерым политикам), причём сделал это заказным письмом, чтобы быть уверенным, что письма дошли до адресатов. Мэр Мюнхена Кристан Уде пришёл в бешенство, и в результате в отношении меня было начато так называемое «судебное разбирательство», длившееся 17 месяцев. В течение всего этого времени я говорил им, чтоб они отвалили. Конечно, я прямо так не говорил; я был вежлив: «Я не подчиняюсь вашей власти и отказываюсь выполнять какие-либо приказы о чём бы то ни было». В конце концов дело было закрыто.

«Кровь и честь»: Мы слышали, что вы – лицо, не имеющее гражданства (апатрид).

Да, это так. Я не имею гражданства с 8 ноября 1984 года.

«Кровь и честь»: Является ли недавно введённый в Европе закон об экстрадиции угрозой для вас, как для Зигфрида Вербеке?

Сама по себе концепция односторонне объявляемой всеобщей юрисдикции является незаконной и неработоспособной. Как определить, чьи законы имеют приоритет? Если, к примеру, Мексика заявит, что в Гватемале действует мексиканское законодательство, а Гватемала – что гватемальское законодательство действует в Мексике, то в результате этого разразится война, после которой победитель навяжет побеждённому свои законы. Израиль и Германия что, собираются воевать со всем миром? Или, может, некая глобальная диктатура (например, так называемое «ЕЭС») собирается переписать законодательство всех стран, чтобы оно стало одинаковым? Именно этого они, кстати, и добиваются – так, в сумасшедшем доме под названием ЕЭС считается чуть ли не концом света, если каёмки на пластиковых чашках в Дании отличаются от каёмок на пластиковых чашках, скажем, в Италии; та же ситуация – с пробками, кранами и всем остальным. Я лично переводил всю эту макулатуру, так что я прекрасно знаю, откуда у них руки растут. Угроза для меня – вся СИСТЕМА. Это угроза для всех людей на свете.

«Кровь и честь»: Кто вдохновил вас стать ревизионистом холокоста, или, пользуясь иудео-орвеллианским языком, «отрицателем холокоста»?

Без комментариев. Скажу только, что с психологической точки зрения понятие отрицания очень обличительно. Кроме того, это семантический приём.

«Кровь и честь»: Что помогает вам не сдаваться, как это давно бы сделали тысячи других на вашем месте?

Меня удивляет мысль о том, что я – исключительный случай. Чего мы боимся? Что они могут с нами сделать? Сжечь на костре? Или прожечь нам дыру в языке раскалённым железом? Или, может, они заставят нас валить лес при сорокаградусном холоде за полярным кругом по 14 часов в сутки в течение 20 лет и потом пустят нам пулю в затылок? Средневековая охота на ведьм длилась 500 лет; коммунизм существует вот уже 70 лет, и слухи о его кончине были сильно преувеличены.

«Кровь и честь»: Каким вам видится будущее исторического ревизионизма?

Предполагая, что ревизионизм – это истина (а я считаю, что это именно так), он будет жить, вне зависимости от того, что будет происходить с отдельными ревизионистами. Это как гелиоцентрическая система Коперника. Мы проникли не глубже поверхности, и это только начало. Разве астрономия как наука закончилась на Копернике из-за того, что у астрономов XVI века закончились идеи, или из-за того, что у них не было телескопа Хаббл?

«Кровь и честь»: Фориссон однажды сказал: «Будущее принадлежит ревизионизму, но не ревизионистам», имея в виду, что война на издательском уровне будет выиграна, но государство и его иудео-либеральный класс сделают всё, что избежать появления инакомыслия.

Не совсем так. Тому, что они могут сделать или хотят сделать, существует предел – по крайней мере, пока. В Англии при Елизавете инакомыслящим отрезали руки, уши и нос. Вильяму Принну (William Prynne) постепенно обрезáли уши, пока от них не остался небольшой комок; один из мучеников-протестантов был сожжён в Смитфильде на костре на глазах у жены и десятерых детей. Европейские тюрьмы относительно комфортны. Пока. Судя по тому, как обстоят дела сейчас, если вас захотят пытать, вас должны будут выдать за мусульманина.

«Кровь и честь»: В последнее время в ревизионистском движении наблюдается определённая усталость. Практически всё уже было написано, и поэтому знаменитые ревизионисты пробуют свои силы на других, более свежих событиях: Цундель пишет об 11 сентября, Ирвинг – о проблемах сегодняшнего дня и т.д.

Жить на одной планете с евреями – это всё равно, что жить с капризным, раздражительным ребёнком. Евреи никогда не прибегают к логическому анализу или к аргументам, основанным на фактах; они просто увеличивают громкость приступов раздражения: 100 децибел, 200, 400, тысяча, миллион... В конце концов вам это надоест, и вы либо прибьёте их, либо уйдёте из дома. Наивно полагать, что у одних и тех же людей каждый год будут появляться оригинальные идеи. Для многих – удача иметь одну оригинальную идею, всего одну. Экспертный отчёт Лёйхтера был оригинальной идеей; отчёт Рудольфа тоже был оригинальным, хоть и не до такой степени. Отчёт Болла был полностью оригинальным, так же как и отчёт Рихарда Креге (наземный радиолокатор в Треблинке). Только из-за того, что у некоторых из нас истощились идеи, процесс в целом не остановится. Вспомните о знаменитой (возможно, вымышленной) истории о том, как в середине 1880-х годов было предложено закрыть Бюро патентов США на том основании, что «всё уже было изобретено». Помню, как 15 лет назад, в 1989 году, в Брюсселе говорили о «постревизионизме» на том основании, что «всё уже было сказано». Это просто смешно.

«Кровь и честь»: Вы – не исключение в этом отношении?

Нет. Вселенная – единое целое. Я написал множество статей не о газовых камерах – например, о процентных ставках, валютных курсах, денежной массе, центральной банковской системе, рабстве, конфедерации, коммунизме, католицизме, абортах, войне в Персидском заливе, войне на Фолклендских островах, Ирландской республиканской армии, Родезии, ЮАР, Кубе, философии Аяна Ранда (Ayn Rand) и т.д. и т.п. Но факт остаётся фактом: единственное, что интересует людей, – это существование или несуществование газовых камер. Другие вещи намного важнее, но людям они не интересны.

«Кровь и честь»: Правильно ли поступают ревизионисты, принимая определённые политические точки зрения, ведь СМИ и так постоянно изображают их как «сумасшедших неонацистов»?

Из всех «доказательств» геноцида евреев процентов 75 приходится на коммунистическую пропаганду. Взгляните хотя бы на сноски чуть ли не в любой книге на данную тему. Значит ли это, что наши враги – коммунисты?

«Кровь и честь»: Каковы ваши будущие проекты?

Возможно, я получу пулю в лоб, когда буду садиться в поезд. Полиция потом объявит, что это был несчастный случай.

«Кровь и честь»: Что бы вы хотели сказать в завершение?

Зайдите на http://irelandsown.net. Почему мы должны бояться, если никто другой не боится?

(Вышеуказанный сайт был закрыт, но я его сохранил. Он не исчезнет навеки. – К.П.)

«Кровь и честь»: Благодарим вас за интервью!

ПРОЦЕССЫ НАД «ВОЕННЫМИ ПРЕСТУПНИКАМИ»

С 1945 года было проведено около десяти тысяч процессов над «военными преступниками». Процессы над японскими военнослужащими завершились в 1949 году, однако процессы над немецкими и восточноевропейскими «военными преступниками» продолжаются по сей день.

Выдвигаемое на них обвинение, как правило, одно и то же – «нарушение законов и обычаев войны», определённых, в свою очередь, в международных конвенциях, подписанных в Гааге в 1899 и 1907 годах.

Дворец мира, Гаага

То, что процессы эти, по сути, не имеют никакого юридического основания, ясно из содержания «нарушенных» договоров.

Возьмём типичный пример, Гаагскую декларацию о неупотреблении разворачивающихся пуль от 29 июля 1899 года (IV, 3). В ней говорится:

«Договаривающиеся Державы обязуются не употреблять пуль, легко разворачивающихся или сплющивающихся в человеческом теле, к каковым относятся оболоченные пули, коих твердая оболочка не покрывает всего сердечника или имеет надрезы.

Настоящая Декларация обязательна лишь для договаривающихся Держав в случае войны между двумя или несколькими из них.

Она утрачивает обязательную силу, как только во время войны между договаривающимися Державами к одной из воюющих сторон присоединится Держава, не участвующая в настоящем соглашении».

(Важное примечание. Это называется оговоркой всеобщности (о всеобщем участии).)

США так и не ратифицировали эту конвенцию, а следовательно, она не являлась «международным правом» ни в одной из войн, в которых участвовали США. Дело в том, что американские войска тогда вовсю применяли разворачивающиеся пули против филиппинцев, которых они только что «освободили» от испанцев.

Отказ американцев ратифицировать эту конвенцию означал не только то, что США могли на законном основании продолжать использовать разворачивающиеся пули (пули «дум-дум») в любых войнах, но и то, что с момента, когда США вступали в какой-либо конфликт, все остальные воюющие стороны также были вправе использовать данный тип пуль.

(Примечание. Пули «дум-дум», изготовленные впервые британцами в индийском городе Дум-Дум близ Калькутты, имеет смысл использовать только в джунглях против примитивных племён, когда существует опасность внезапного столкновения лицом к лицу с крупными массами противника. Эти пули не используются в европейских войнах, поскольку они имеют малую точность и загрязняют оружие. Если бы они давали хоть какое-то преимущество, их бы использовали вне зависимости от каких-либо договоров.)

Всего имеется четырнадцать Гаагских конвенций. Почти все они содержат схожие пункты и по этой причине с 1907 года почти или совсем не применялись.

В 5-й Гаагской конвенции о правах и обязанностях нейтральных держав и лиц в случае сухопутной войны от 18 октября 1907 года, к примеру, говорится:

Ст. 20: «Постановления настоящей Конвенции применяются только между договаривающимися Государствами и в том лишь случае, если все воюющие участвуют в Конвенции».

Эта конвенция так и не была ратифицирована Великобританией и после 4 августа 1914 года не применялась.

Ст. 1: «Территория нейтральных Держав неприкосновенна».

Британцы и американцы без устали выдвигали данный пункт в качестве обвинения против немцев и японцев, несмотря на то, что они сами нарушили нейтралитет Исландии, Гренландии, Ирана, Ирака, Португальского Тимора, а также планировали нарушить нейтралитет скандинавских стран.

В 3-й Гаагской конвенции об открытии военных действий говорится (ст. 1): «Договаривающиеся Державы признают, что военные действия между ними не должны начинаться без предварительного и недвусмысленного предупреждения, которое будет иметь или форму мотивированного объявления войны, или форму ультиматума с условным объявлением войны».

Проблема здесь состоит в том, что предупреждение это может быть дано хоть за минуту до нападения, и устной формулировки при этом не требуется. Польша получила два ультиматума от Германии и первой объявила мобилизацию. Япония формально объявила войну США через 25 минут после нападения на Пирл-Харбор, но американцы знали о готовящемся нападении ещё за 10 дней до него. [Германия объявила войну СССР через 45 минут после нападения, которое было превентивным. – *Прим. пер.*]

Однако основной конвенцией, применявшейся почти на всех процессах над «военными преступниками», была 4-я Гаагская конвенция о законах и обычаях сухопутной войны. Как сказал Телфорд Тейлор, главный советник и представитель США по «военным преступлениям» со стороны обвинения на Нюрнбергском процессе, «Приложение к Конвенции, состоящее из 56 статей, излагает различные требования и ограничения в отношении ведения боевых действий, обращения с военнопленными, а также осуществления правления на занятой территории враждебного государства».

Итак, на десяти тысячах процессов утверждалось, что немцы и японцы нарушали данную конвенцию. Посмотрим, что же именно в ней говорится.

Ст. 2: «Постановления... настоящей Конвенции обязательны лишь для Договаривающихся Держав и только в случае, если все воюющие участвуют в Конвенции».

Это условие так никогда и не было соблюдено начиная с 1 августа 1914 года. К примеру, из стран, участвовавших во Второй мировой войне, данную конвенцию не подписали Италия, Греция и страны бывшей Югославии. СССР, в свою очередь, отказался признавать царские соглашения и даже близко не пытался соблюдать Гаагские или Женевские конвенции.

Ст. 3: «Воюющая Сторона, которая нарушит постановления сказанного Положения, должна будет возместить убытки, если к тому есть основание».

Комментарии, как говорится, излишни. Ни о каких процессах здесь не идёт и речи.

ПРИЛОЖЕНИЕ К 4-й ГААГСКОЙ КОНВЕНЦИИ

Данное приложение стало главной основой почти для всех десяти тысяч процессов над «военными преступниками». Именно в нём определяются «военные преступления» и «военные преступники».

Статьи 1 и 2 запрещают партизанскую войну; в ст. 1, в частности, говорится, что воюющие стороны должны удовлетворять всем нижеследующим условиям: 1) иметь во главе лицо, ответственное за своих подчинённых; 2) иметь определённый и явственно видимый издали отличительный знак; 3) открыто носить оружие и 4) соблюдать в своих действиях законы и обычаи войны.

Таким образом, европейские (включая советское) и азиатские партизанские движения были ПРОТИВОЗАКОННЫМИ.

Статья 43 требует сотрудничества с оккупационными властями: «С фактическим переходом власти из рук законного Правительства к занявшему территорию неприятелю последний обязан принять все зависящие от него меры к тому, чтобы, насколько возможно, восстановить и обеспечить общественный порядок и общественную жизнь, уважая существующие в стране законы, буде (если) к тому не встретится неодолимого препятствия».

Отсюда следует, что «коллаборационисты», расстрелянные, повешенные или отправленные в тюрьму после Второй мировой войны, действовали в соответствии с международным правом.

Статья 23, пункт д) запрещает применять «оружие, снаряды или вещества, способные причинять излишние страдания». Таким образом, напалм, фосфор, отверждённый бензин и т.д. являются ПРОТИВОЗАКОННЫМИ.

Статьи 25, 27 и 56 запрещают атаковать или бомбардировать «каким бы то ни было способом» незащищённые города, строения, исторические памятники и т.д.

Таким образом, огненные бомбардировки Дрездена и гражданских кварталов Гамбурга, Токио, Хиросимы, Нагасаки и т.д. были ПРОТИВОЗАКОННЫМИ.

В статье 6 говорится, что воюющие стороны могут использовать труд военнопленных, за исключением офицеров. Военнопленные могут работать на государственные учреждения, за счёт частных лиц или лично от себя.

Таким образом, «рабская политика» Германии и Японии была совершенно законна в том, что касается её применения к участникам партизанских отрядов или к военнослужащим низшего звания.

Статья 8: «Военнопленные подчиняются законам, уставам и распоряжениям, действующим в армии Государства, во власти коего они находятся. Всякое неповиновение с их стороны даёт право на применение к ним необходимых мер строгости...»

Вот вам и «издевательства над военнопленными», ставшие основой для великого множества процессов над «военными преступниками».

Статья 46: «... Частная собственность не подлежит конфискации».

Отсюда следует, что послевоенные депортации и конфискация имущества немецкого населения были ПРОТИВОЗАКОННЫМИ. Положения Версальского «мирного» договора, согласно которым была конфискована частная собственность всех немецких граждан, проживавших за пределами Германии (включая миссионеров с тихоокеанских островов, которые были высланы из страны без гроша в кармане), также были ПРОТИВОЗАКОННЫМИ.

В статье 5 о военнопленных говорится, что «собственно заключение может быть применено к ним (военнопленным) лишь как необходимая мера безопасности и исключительно пока существуют обстоятельства, вызывающие эту меру».

В статье 20, в свою очередь, говорится: «По заключении мира отсылка военнопленных на родину должна быть произведена в возможно близкий срок».

Таким образом, длительное содержание немецких и японских военнопленных в заключении англичанами, французами, американцами и русскими после войны было ПРОТИВОЗАКОННЫМ.

Ст. 7: «...Военнопленные пользуются такой же пищей, помещением и одеждой, как войска Правительства, взявшего их в плен».

Следовательно, условия содержания немецких военнопленных в советских концлагерях, а также в лагерях смерти Эйзенхауэра были ПРОТИВОЗАКОННЫМИ вне зависимости от уровня смертности (см об американских концлагерях.: James Bacque, «Other Losses»).

В статье 32 говорится: «Парламентером считается лицо, уполномоченное одной из воюющих Сторон вступить в переговоры с другою... Парламентер... пользуется правом неприкосновенности».

Таким образом, заключение Рудольфа Гесса было ПРОТИВОЗАКОННЫМ.

И, наконец, статья 23, пункт з) запрещает объявлять «потерявшими силу, приостановленными или лишёнными судебной защиты права и требования подданных противной стороны».

Если эти конвенции и могут быть применены (что сомнительно), то подлинными военными преступниками должны считаться американцы, англичане, французы и русские.

В число юридических нарушений, допущенных на процессах над «военными преступниками», входят: допустимость устных и письменных слухов; введение в международное право понятия «заговор» (неизвестного до 1945 года); полное отсутствие предварительного судебного расследования и судебной экспертизы; проведение процессов в трибунале, в котором заседали подлинные военные преступники.

В заключение ещё раз процитируем Телфорда Тейлора: «Вопросы, имеющие отношение к процессам над военными преступниками, многочисленны и сложны; обсуждение и критика того, что было сделано, должны приветствоваться всеми, кто надеется на дальнейшее развитие международного права... но то, что следовало сделать взамен, представляет собой проблему, которая, как правило, игнорируется теми, кто осуждает то, что было сделано на самом деле».

Альтернативой было бы проведение беспристрастного суда в соответствии с имевшимися на тот момент процессуальными нормами и надлежащими нормами доказательственного права.

ЙЕЛЬ ЕДЕЙКИН НАНОСИТ ОТВЕТНЫЙ УДАР

Ниже приводится «опровержение» моей статьи «Процессы над "военными преступниками"» (стр. 14-19 этой книги), написанное неким Йелем Едейкиным, американским юристом из штата Пенсильвания.

Мои комментарии приводятся в квадратных скобках. Прошу меня простить, если я местами повторяюсь; просто я считаю, что некоторые тонкие, но очень важные моменты следует упоминать несколько раз, чтобы на них обратили должное внимание.

* * *

Судебные грехи Карлоса Портера
Йель Едейкин

[Карлос Портер: Обратите внимание на постоянное употребление квазирелигиозной терминологии и неологизмов: «грех», «отрицатель» и др.]

В число основных трудов отрицателей Холокоста входят работы Карлоса Портера. Одну из его статей, «Процессы над "военными преступниками"», можно найти на сайте CODOH. В ней делается попытка обсудить Приложение к Гаагской конвенции 1907 года [К.П.: Существует тринадцать (13) Гаагских конвенций 1907 года; см. ниже.], охватывающей законы и обычаи войны. Эта статья очень высоко оценивается сообществом *отрицателей* [Здесь и далее выделено мной. – К.П.] и нередко приводится теми в качестве авторитетной работы на тему *Гаагской конвенции*. При тесном рассмотрении статьи Портера, однако, выясняется, что она содержит множество неточностей в отношении как текста *Конвенции*, так и выводов, сделанных на основании искажённых цитат. В нашем анализе будет уделено внимание обоим этим моментам.

Судить о работе какого-либо автора можно по его намерениям. В данном случае Портер открыто заявляет о своих намерениях: «Итак, на десяти тысячах процессов утверждалось, что немцы и японцы нарушали данную конвенцию. Посмотрим, что же именно в ней говорится».

Цель статьи Портера, таким образом, состоит не в пересказе текста Конвенции своими словами, а в приведении точных и полных цитат из последней.

[К.П.: Существуют 13 Гаагских конвенций и 1 декларация 1907 года (а также 3 Гаагские конвенции и 3 декларации 1899 года), образующие кипу листов в формате А5 толщиной 3 см. Едейкин хочет сказать, что я намеревался привести полный текст 4-й Гаагской конвенции на двух страницах? Если да, то почему я привожу сначала статьи 2, 3, а затем – статьи 1, 2, 43 и т.д.?]

Эту цель он *позорно проваливает*. *Пропуски и пересказ* Портера не только противоречат его *открытому намерению*, но и грубо искажают смысл самих статей. *Вдвойне нечестным* является то, что Портер приводит обычный *пересказ* статей и затем описывает то, что они якобы означают. Подтверждающие доказательства *практически отсутствуют*, и, таким образом, всё, на что приходится полагаться читателю, – это версия текста Конвенции, приводимая самим Портером.

[К.П.: Я прочёл этот материал и привёл краткое резюме доводов, представленных адвокатами защиты на процессах над «военными преступниками» вообще и на Нюрнбергском процессе, Токийском процессе и процессе Мартина Готфрида Вайсса в частности (эти процессы я изучил лучше всего). Если для Рудольфа Гесса и может быть сделано исключение, то даже беглый взгляд на сотни, если не тысячи, страниц с доводами защиты, представленными на любом из этих процессов, покажет, что приведённые мной доводы, так же как и множество других доводов, подкреплены десятками ссылок на признанных экспертов в области международного права: Fenwick, Wheaton, Wharton, Woolesy, Grotius, Smith, Higgins, Hyde, Hill, Hall, Hackman, Hull, Miller, Twiss, Phillimore, Wilson, Maurice, Wigmore, Hudson + Fuller, Flory, Lawrence, Winfield, Glueck, Blackstone, Oppenheim-Lauterpacht, Bellot, Moore, Scott, Nippold, Singer, Roemer; Gallaudet, Main, Finch, Dickinson, Brierley, Black, Cobbet, Feilchenfeld. Именно эти доводы я привожу, нравится это Едейкину или нет. Я прочёл также тысячи страниц с доводами обвинения, и они будут куда убедительней доводов Едейкина. Притязания Едейкина на то, что его точка зрения является единственно возможной, просто смехотворны. Вся разница состоит в том, что я привожу краткое, сжатое резюме на 2 страницах, а Едейкину требуется 17 страниц, лишь для того, чтобы внести путаницу. Он нашёл у меня только две действительные ошибки: очень краткий пересказ, представленный как прямая цитата (ст. 3 основной части 4-й Гаагской конвенции; я по ошибке поставил кавычки), и одну опечатку.]

Проблемы с текстом Конвенции 1907 года –

[К.П.: Имеется 13 Гаагских конвенций, как я уже отметил.]

это только начало проблем со статьёй Портера. *Лаконичные* выводы Портера зависят от отредактированных им цитат из текста Конвенции и его фактологических предположений. Многие из *ничем не подкреплённых* утверждений Портера попросту *неверны*. Таким образом, вторая часть данной статьи представляет собой анализ некоторых заявлений Портера. Этот анализ не претендует на полноту; некоторые из *явных ошибок* Портера (например, истолкование им статьи 43) рассмотрены не были. Ввиду того, что многие ошибки Портера схожи по характеру, будет излишне разъяснять каждую из них.

Приведённые примеры представляют собой анализ *дешёвых и обманчивых* методов Портера. Статья Портера *плохо написана, плохо аргументирована и неточна* во многих местах. Лейтмотив этой статьи воплощён в *голословных обвинениях* Портера.

* * *

Проблемы Портера с фактами начинаются уже в первой части статьи, когда он рассуждает о применимости Конвенции.

[К.П.: Какой конвенции? Мало того, что Едейкин не знает, что существует несколько Гаагских конвенций, так он ещё путает здесь Гаагскую декларацию о неупотреблении разворачивающихся пуль 1899 года с 4-й Гаагской конвенцией о законах и обычаях сухопутной войны 1907 года.]

Так, он утверждает: «США так и не ратифицировали эту конвенцию, а следовательно, она не являлась "международным правом" ни в одной из войн, в которых участвовали США».

[К.П.: Как я уже отметил, речь здесь идёт о Гаагской декларации о неупотреблении разворачивающихся пуль 1899 года.]

Любой, кто изучал первичные документы, знает, что Портер искажает факты. Да, США действительно не ратифицировали Конвенцию,

[К.П.: Какую конвенцию? Едейкин ни с того ни с сего переходит к 4-й Гаагской конвенции 1907 года. Едейкин что, хочет сказать, что США никогда не ратифицировали 4-ю Гаагскую конвенцию о законах и обычаях сухопутной войны от 18 октября 1907 года, что я делаю это утверждение и что это утверждение верно?! Он хоть думает, что говорит? Едейкин допускает эту ошибку, скорее всего, потому, что в отсканированных версиях Гаагских конвенций, выложенных на сайте Йельского университета и рекомендуемых Едейкиным, отсутствуют подписи, ратификации, присоединения и оговорки (4 страницы), которые крайне важны для понимания двадцатого столетия. Например, Сербия не подписала 4-ю Гаагскую конвенцию. Как следствие, немцы утверждали, что участие Сербии в Первой мировой войне ведёт к недействительности 4-й Гаагской конвенции на основании оговорки всеобщности и, следовательно, применение немцами химического оружия в Первой мировой было законно. Немцы применили химическое оружие для того, чтобы выйти из тупиковой ситуации, захватить Париж и выиграть войну, как в 1870-м.]

однако они присоединились к *отдельной конвенции*, подписанной президентом США 27 июля *1929* года.

[К.П.: Едейкин ошибочно принимает комментарий к Гаагской декларации о неупотреблении разворачивающихся пуль 1899 года за комментарий к 4-й Гаагской конвенции о законах и обычаях сухопутной войны 1907 года, затем переходит к одной из Женевских конвенций 1929 года, чтобы обойти несуществующую проблему нератификации 4-й Гаагской конвенции Соединёнными Штатами. Он не даёт ни одной ссылки на «конвенцию, подписанную президентом США 27 июля 1929 года», за исключением даты. По-видимому, он имеет в виду Женевскую конвенцию об обращении с военнопленными 1929 года (не путать с Женевской конвенцией об улучшении участи раненых и больных в действующих армиях 1929 года). Женевская конвенция об обращении с военнопленными 1929 года не содержит оговорки всеобщности, однако применяется только между подписавшими сторонами.

Повторяю, Едейкин путает Гаагскую декларацию о неупотреблении разворачивающихся пуль от 29 июля 1899 года (не ратифицированную США) с 4-й Гаагской конвенцией о законах и обычаях сухопутной войны от 18 октября 1907 года (ратифицированной США 27 ноября 1909 года), затем совершенно не к месту ссылается на Женевскую конвенцию об обращении с военнопленными 1929 года, чтобы обойти несуществующую проблему нератификации 4-й Гаагской конвенции. Проблема, однако, не в этом. Проблема с 4-й Гаагской конвенцией состоит в оговорке всеобщности, то есть в том, что данная конвенция применяется только между подписавшими её сторонами и только в том случае, если её подписали все участники конфликта (как указано выше и ниже). Ответа на это Едейкин не даёт. Если понимать оговорку всеобщности буквально, то ни одна из Гаагских конвенций не действовала ни в одной мировой войне, а, значит, ни немцев, ни союзников нельзя обвинить в нарушении их положений. Если же оговорку всеобщности НЕ понимать буквально, то тогда, исходя из положений 4-й Гаагской конвенции, союзники всё равно совершили куда больше злодеяний и «военных преступлений», нежели немцы и японцы вместе взятые. Союзники побили все мыслимые рекорды по военным преступлениям.

Стоит также отметить, что президент США никак не мог подписать Женевскую конвенцию об обращении с военнопленными 27 июля 1929 года. Едейкин перепутал дату подписания этой конвенции представителями национальных делегаций в Женеве (27 июля 1929 года) с датой её ратификации Сенатом США. Это две разные даты. Так, 4-я Гаагская конвенция о законах и обычаях сухопутной войны от 18 октября 1907 года (Едейкин путает её с Гаагской декларацией о неупотреблении разворачивающихся пуль 1899 года и утверждает, что она не была ратифицирована США) была ратифицирована США 27 ноября 1909 года, два года спустя, а Женевская конвенция об обращении с военнопленными 1929 года была ратифицирована США 4 августа 1932 года. Если бы в названии международных договоров стояли даты их ратификации, то для каждого договора нужно было бы приводить по 50 разных дат. Едейкин впадает в другую крайность: он ни разу не приводит полное и правильное название ни одного договора, из-за чего текст его статьи становится, мягко говоря, запутанным.]

В соответствии с этим договором

[К.П.: Каким договором? Опять же, он, по-видимому, говорит о Женевской конвенции об обращении с военнопленными 1929 года, хотя он на неё не ссылается и, похоже, вообще не понимает, о чём говорит. Большинство из 20 Гаагских конвенций и деклараций содержат оговорки всеобщности. Электронно-кастрированные версии этих документов, выложенные в интернете и рекомендованные Едейкиным, не содержат подписей, ратификаций, присоединений и оговорок, которые крайне важны. Женевские конвенции не содержат оговорок всеобщности, но применяются только между подписавшими сторонами.]

американские войска получали инструкции о соблюдении всех статей различных Женевских и Гаагских конвенций.

[К.П.: Если американцы получали инструкции о соблюдении этих конвенций, то почему они тогда их не соблюдали? Немцы, значит, должны были соблюдать 4-ю Гаагскую конвенцию, а союзники – нет? Или, может, Едейкин хочет сказать, что преднамеренные бомбардировки гражданских лиц и незащищённых городов, использование рабского труда немецких военнопленных годами и даже десятилетиями после окончания войны, условия содержания в советских концлагерях и лагерях смерти Эйзенхауэра и т.д. и т.п. были ЗАКОННЫМИ?]

Стоит отметить, что Германия также подписала Конвенцию 1929 года,

[К.П.: Какую конвенцию? А, Женевскую конвенцию об обращении с военнопленными 1929 года.]

которая, по сути, повторяла положения Приложения 1907 года.

[К.П.: (Имеется в виду Приложение к 4-й Гаагской конвенции о законах и обычаях сухопутной войны 1907 года). Это неправда. Так, Япония ратифицировала 4-ю Гаагскую конвенцию о законах и обычаях сухопутной войны, но отказалась ратифицировать Женевскую конвенцию об обращении с военнопленными 1929 года, поскольку та требовала более высокого уровня жизни для военнопленных, нежели тот, который мог быть обеспечен японским военным и гражданским лицам. Крайне важным положением Женевской конвенции об обращении с военнопленными 1929 года является статья 63 («Приговоры в отношении военнопленных выносятся теми же судьями и в том же порядке, какие установлены для лиц, принадлежащих к составу армии державы, содержащей пленных»), которую Едейкин постеснялся упоминать, поскольку эта статья, если её трактовать непредвзято, делает незаконными все послевоенные процессы над «военными преступниками». Статья 64 гарантирует право на обжалование приговора, статья 66 предусматривает, что «[смертный] приговор не приводится в исполнение до истечения по крайней мере трех месяцев».]

* * *

Портер становится ещё менее объективным, когда переходит к анализу отдельных статей Конвенции.

[К.П.: Это мы вернулись к 4-й Гаагской конвенции о законах и обычаях сухопутной войны.]

Одним из самых вопиющих примеров является анализ статьи 6, когда Портер утверждает: «В статье 6 говорится, что воюющие стороны могут использовать труд военнопленных [Портер допустил небольшую ошибку в слове «belligerent» (воюющая сторона), на которую Едейкин будет презрительно указывать при каждом удобном случае, всего – 10 раз. – *Прим. пер.*], за исключением офицеров. Военнопленные могут работать на государственные учреждения, за счёт частных лиц или лично от себя».

Портер комментирует это так: «Таким образом, "рабская политика" Германии и Японии была совершенно законна в том, что касается её применения к участникам партизанских отрядов или к военнослужащим низшего звания».

Мы не будем обсуждать факт использования Германией и Японией рабского труда офицеров [К.П.: Я написал: «В том, что касается»], но отметим лишь то, что изучение вышеупомянутой статьи показывает, что её содержание разительно отличается от текста, приводимого Портером. В оригинале говорится: «Государство может привлекать военнопленных к работам сообразно с их чином и способностями, за исключением офицеров. Работы эти не должны быть слишком обременительными и не должны иметь никакого отношения к военным действиям».

Обратите внимание на то, как Портер вырезает часть оригинального текста, что существенно меняет его содержание. Известно, например, что Шпеер – руководитель военного производства – использовал рабский труд для военных работ. Это было одним из обвинений, выдвинутых против него в Нюрнберге. Ещё одним неоспоримым примером служит резиновый завод в Моновице (Освенцим III), на котором также использовался рабский труд. Вырезая важную часть текста, Портер мошеннически искажает то, что позволялось данной статьёй.

[К.П.: Обратите внимание на то, как одна из стран-участниц 4-й Гаагской конвенции 1907 года обязана соблюдать положения, написанные в эпоху извозчиков, а другая страна может в одностороннем порядке, произвольно расширять смысл положений той же конвенции в соответствии с реалиями атомного века! Обратите внимание на то, как союзники постоянно заявляют, что это и то является «военным производством», когда им это выгодно. Немцы утверждали, что «военное производство» – это изготовление военного снаряжения и взрывчатых веществ, союзники же заявляли, что под это понятие подпадает чуть ли не всё на свете. Крестьяне, пахавшие землю лошадью, «законно» расстреливались с воздуха из пулемётов на том основании, что «в этой войне нет гражданских лиц; даже крестьяне выращивают продовольствие для военной промышленности». При этом же утверждалось, что военнопленные, работавшие в немецкой промышленности, не связанной с производством бомб и взрывчатых веществ (в некоторых случаях они работали добровольно, получали заработную плату, платили налоги и имели немецкую социальную страховку), работали на военном производстве, что является военным преступлением. Ядерные бомбардировки, разумеется, считались совершенно законными. Военнопленные в Германии могли добровольно соглашаться на работу в промышленности, на тех же условиях, что и немецкие рабочие (заработная плата, социальная страховка, налоги); в этом случае они освобождались из лагерей для военнопленных; при этом нельзя было заставлять их так поступать (Nuremberg Trial transcript IMT XVIII, 496-498 (XVIII, 542-544 немецкого издания)).]

Этот *образец обмана* включает в себя также пропуск пунктов, следующих за исходным заявлением и объясняющих его. Вот эти пункты:

«Военнопленным может быть разрешено работать на государственные установления, за счет частных лиц или лично от себя.

Работы, производимые для Государства, оплачиваются по расчету цен, существующему для чинов местной армии, за исполнение тех же работ, а если такого расчета нет, то по ценам, соответственным произведенным работам.

Если работы производятся на государственные установления или за счет частных лиц, то условия их определяются по соглашению с военной властью.

Заработок пленных назначается на улучшение их положения, а остаток выдается им при освобождении, за вычетом расходов по их содержанию».

Отсюда видно, что Портер умышленно искажает смысл этой статьи. Она вовсе не разрешает рабский труд, как он утверждает. Нет, она позволяет военнопленным выходить на рынок труда, не связанный с военным производством [К.П.: Определение, пожалуйста!], и получать заработную плату за свой труд. Излишне говорить, что нацисты, используя рабский труд, *не соблюдали положений 6-й статьи*.

[К.П.: Интересно, а союзники платили за рабский труд военнопленных после войны?]

Этот образец повторяется при анализе статей 1 и 2, в которых говорится о *партизанской войне*. Этот пример очень важен, ибо он служит основой для утверждений *отрицателей* о том, что *партизанская война сама по себе незаконна*. Смысл этих двух статей крайне важен для целей Конвенции [К.П.: 4-й Гаагской конвенции.]. Это было признано её составителями и подписантами, которые в преамбуле к Положению конвенции написали:

«Впредь до того времени, когда представится возможность издать более полный свод законов войны, Высокие Договаривающиеся Стороны считают уместным засвидетельствовать, что в случаях, не предусмотренных принятыми ими постановлениями, население и воюющие остаются под охраною и действием начал международного права, поскольку они вытекают из установившихся между образованными народами обычаев, из законов человечности и требований общественного сознания.

Они объявляют, что именно в таком смысле должны быть понимаемы, в частности, статьи 1 и 2 принятого ими Положения».

[К.П.: Едейкин мечется взад-вперёд между основной частью 4-й Гаагской конвенции (которую он именует Преамбулой) и Приложением к ней, а это не одно и то же. Вышеприведённая цитата взята из ОСНОВНОЙ ЧАСТИ 4-й Гаагской конвенции, статьи 1 и 2 которой не относятся к партизанской войне. В статье 1 из основной части говорится: «Договаривающиеся Державы дадут своим сухопутным войскам наказ, согласный с приложенным к настоящей Конвенции Положением о законах и обычаях сухопутной войны». Статья 2 из основной части – это оговорка всеобщности: «Постановления упомянутого в статье 1 Положения, а равно настоящей Конвенции обязательны лишь для Договаривающихся Держав и только в случае, если все воюющие участвуют в Конвенции». 4-ю Гаагскую конвенцию отказался признавать СССР (несмотря на то, что её подписала царская Россия), её не ратифицировали Болгария, Греция, Италия, страны бывшей Югославии, а, значит, она не действовала ни в одной из мировых войн.

Что удивительно, так это то, что 4-я Гаагская конвенцию не была полностью забыта, в отличие от остальных Гаагских конвенций. Так, никто не обвиняет немцев в нарушении следующих конвенций и деклараций (список не полон):

– Гаагская конвенция о применении к морской войне начал Женевской конвенции 10 августа 1864 (III; 1899 года; оговорка всеобщности – ст. 11);

– Гаагская декларация о запрещении на пятилетний срок метания снарядов и взрывчатых веществ с воздушных шаров или при помощи иных подобных новых способов (IV, 1; 1899 года; оговорка всеобщности – стр. 2, абзац 1);

– Гаагская декларация о неупотреблении снарядов, имеющих единственным назначением распространять удушающие или вредоносные газы (IV, 2; 1899 года; оговорка всеобщности – абзацы 4 и 5);

– Гаагская конвенция о правах и обязанностях нейтральных держав и лиц в случае сухопутной войны (V; 1907 года; оговорка всеобщности – ст. 20);

– Гаагская конвенция о положении неприятельских торговых судов при начале военных действий (VI; 1907 года; оговорка всеобщности – ст. 6);

– Гаагская конвенция об обращении торговых судов в суда военные (VII; 1907 года; оговорка всеобщности – ст. 7);

– Гаагская конвенция о постановке подводных, автоматически взрывающихся от соприкосновения мин (VIII; 1907 года; оговорка всеобщности – ст. 7);

– Гаагская конвенция о бомбардировании морскими силами во время войны (IX; 1907 года; оговорка всеобщности – ст. 8);

– Гаагская конвенция о применении к морской войне начал Женевской конвенции (X; 1907 года; оговорка всеобщности – ст. 18);

– Гаагская конвенция о некоторых ограничениях в пользовании правом захвата в морской войне (XI; 1907 года; оговорка всеобщности – ст. 9);

– Гаагская конвенция о правах и обязанностях нейтральных держав в случае морской войны (XIII; 1907 года; оговорка всеобщности – ст. 28);

– Гаагская декларация о запрещении метания снарядов и взрывчатых веществ с воздушных шаров (XIV; 1907 года; оговорка всеобщности – стр. 2, абзац 1) и т.д. и т.п.

Учитывая, что союзники никогда не соблюдали 4-ю Гаагскую конвенцию во время войны (так же как и Женевскую конвенцию об обращении с военнопленными 1929 года после войны), возникает логичный вопрос: почему 4-я Гаагская конвенция не была забыта, как все остальные конвенции? Ответ: Потому что даже на таком показном процессе в советском стиле, каким был Нюрнбергский процесс, нужен был какой-нибудь основной юридический документ. В СССР подобным документом служила конституция, которая гарантировала свободу слова, печати и вероисповедания, но при этом извращала эти понятия так, что они означали прямо противоположное. Интересно, что Гаагские конференции 1899 и 1907 годов, на которых были приняты эти конвенции, были созваны и спонсированы германским императором. Вот вам и благодарность.]

Портер полностью игнорирует этот важный принцип истолкования данных статей, изложенный странами-подписантами.

[К.П.: Обратите внимание на то, как Едейкин подразумевает, что за статьями со стр. 2-3 фотокопии (из основной части конвенции) сразу же следуют статьи со стр. 8-9 фотокопии (из Приложения), и как он пытается убедить нас в том, что одной из основных целей 4-й Гаагской конвенции было открыто разрешить партизанскую войну. Он делает это столь деликатно, что поначалу я не заметил подвоха. И он ещё имеет наглость обвинять меня в «пропусках» и «лживости»! Ниже, «забыв» привести статьи 1 и 2 из основной части конвенции, он перескакивает к статьям 1 и 2 из Приложения.]

Давайте внимательно рассмотрим то, что пишет Портер, и сравним это с действительным текстом этих статей. В своей работе Портер утверждает:

«ПРИЛОЖЕНИЕ К 4-й ГААГСКОЙ КОНВЕНЦИИ

Статьи 1 и 2 запрещают партизанскую войну; в ст. 1, в частности, говорится, что воюющие стороны должны удовлетворять всем нижеследующим условиям: 1) иметь во главе лицо, ответственное за своих подчинённых; 2) иметь определённый и явственно видимый издали отличительный знак; 3) открыто носить оружие и 4) соблюдать в своих действиях законы и обычаи войны».

Портер не только не понимает эти статьи, но и излагает их неточно и *в искажённой манере*. При изучении действительного содержания этих двух статей становится ясно, что они означают *прямо противоположное* тому, что приводится у Портера. Вот полная версия этих статей:

«Статья 1

Военные законы, права и обязанности применяются не только к армии, но также к ополчению и добровольческим отрядам, если они удовлетворяют всем нижеследующим условиям:

1) имеют во главе лицо, ответственное за своих подчиненных;

2) *имеют определенный и явственно видимый издали отличительный знак*;

3) *открыто носят оружие* и

4) *соблюдают в своих действиях законы и обычаи войны.*

Ополчение или добровольческие отряды в тех странах, где они составляют армию или входят в ее состав, понимаются под наименованием армии.

Статья 2

Население незанятой территории, которое при приближении неприятеля добровольно возьмется за оружие для борьбы с вторгающимися войсками и которое не имело времени устроиться, согласно статье 1 будет признаваться в качестве воюющего, если будет *открыто носить оружие* и будет *соблюдать законы и обычаи войны*».

Обратите внимание на то, что вопреки изменённой версии Портера эти статьи не запрещают партизанские движения, но чётко разрешают их *при соблюдении определённых условий*. Из-за творческого редактирования Портером текста конвенции создаётся впечатление, что статья 1 запрещает *партизанскую войну*; при этом в качестве причины приводится то, что настоящие воюющие стороны имеют определённые отличительные черты, которые якобы отсутствуют у *партизанских отрядов*. Как видно из текста, вырезанного Портером, эта статья в действительности означает то, что партизанские отряды законны *при соблюдении определённых требований*.

[К.П.: В том-то и дело, что эти требования никогда НЕ соблюдались, за исключением ряда случаев, имевших место во Франции в конце войны. В СССР немцы обращались с советскими партизанами как с военнопленными, если в момент пленения те находились в сопровождении регулярных войск. Международное право, как известно, дискриминирует малые, бедные и слабые страны, которые не могут содержать крупную регулярную армию с использованием современного вооружения. Намерение статьи 1 – недопущение ответа террором на террор. (Как известно, в Афганистане, в ответ на нападение «душманов» на советские войска, соседние сёла сжигались до основания, чтобы в будущем жители сёл заранее сообщали о готовящихся засадах. Это было обычной практикой, и никто из российских авторов не спешит обвинять СССР в нарушении международных конвенций. Про военные преступления российских федеральных войск в Чечне лучше и не вспоминать. Интересно, что все чеченские бойцы назывались террористами, бандитами, членами «незаконных вооружённых формирований» и т.д., хотя некоторые из них вполне подпадали под действие статьи 1 Приложения к 4-й Гаагской конвенции. – *Прим. пер.*)]

Искажённое описание Портером статьи 2 *ещё более обманчиво*. Не приводя ни одного слова из статьи, Портер заявляет, что та *запрещает партизанскую войну*. В действительности же эта статья расширяет определение законных воюющих сил для территории, на которой не был установлен военный контроль. В подобных случаях, которые, например, могут быть применены к большей части Украины, два из требований к партизанскому отряду, при которых тот считается законной воюющей стороной, устраняются.

[К.П. Интересно, когда и где в Беларуси, Украине или на других «временно оккупированных» советских территориях (так же как и во Вьетнаме) партизаны имели определенный и явственно видимый издали отличительный знак (п. 2 ст. 1), открыто носили оружие (п. 3 ст. 1) и соблюдали в своих действиях законы и обычаи войны (п. 4 ст. 1)?!]

* * *

Аналогичные (хоть и слегка отличные) приёмы используются Портером при анализе статьи 32. В работе Портера утверждается:

«В статье 32 говорится: "Парламентером считается лицо, уполномоченное одной из воюющих Сторон вступить в переговоры с другою... Парламентер... пользуется правом неприкосновенности"».

Основываясь на этом (неполном) изложении статьи 32 и полностью пропуская статью 33, Портер заявляет: «Заключение Рудольфа Гесса было ПРОТИВОЗАКОННЫМ».

Содержание Конвенции, однако, значительно отличается от версии Портера. Вот полный текст статей Конвенции, относящихся к парламентёрам:

«Глава III. О парламентерах

Статья 32

Парламентером считается лицо, уполномоченное одной [К.П.: ОДНОЙ!] из воюющих Сторон вступить в переговоры с другою и являющееся с белым флагом. Как сам парламентер, так и сопровождающие его трубач, горнист или барабанщик, лицо, несущее флаг, и переводчик пользуются *правом неприкосновенности*.

Статья 33

Начальник войск, к которому послан парламентер, не обязан принять его при всяких обстоятельствах.

[К.П.: В подобных случаях ему, предположительно, должно быть позволено беспрепятственно вернуться в расположение своих войск.]

Он может принять все необходимые меры, дабы воспрепятствовать парламентеру воспользоваться возложенным на него поручением для собирания сведений.

Он имеет право в случае злоупотреблений со стороны парламентера *временно* его задержать.

[К.П.: Временно – это на ЧЕТЫРЕ ГОДА?!?]

Статья 34

Парламентер теряет право на неприкосновенность, если будет положительным и несомненным образом доказано, что он воспользовался своим привилегированным положением для подговора к *измене* или для её совершения».

Как видно из действительного содержания этих статей, для того чтобы то или иное лицо считалось парламентёром, оно должно отвечать двум требованиям. Первое требование (приведённое Портером): парламентёр должен быть уполномочен вести переговоры.

Эта статья не может быть применена к Гессу. Он явно не был уполномочен вступать в переговоры с Великобританией. В книге «Взлёт и падение Третьего рейха» Уильям Ширер [К.П.: Ширер!] пишет, что Гитлер был озадачен действиями Гесса и что в официальном сообщении, опубликованном после этого происшествия, говорилось: «Как теперь представляется ... партайгеноссе Гесс жил в состоянии галлюцинации, в результате чего он решил, что сможет добиться взаимопонимания между Англией и Германией...» Нет никаких свидетельств того, что Гесс был уполномочен вести переговоры от лица Третьего рейха. Более того, согласно Ширеру, Гесс и сам не претендовал на подобный статус и рассчитывал лишь на свою должность министра.

[К.П.: Откуда британское правительство могло знать в 1940 году, чтó Уильям Ширер напишет о Рудольфе Гессе в 1960-м? Насколько компетентен Уильям Ширер в этом или любом другом вопросе? Откуда Уильям Ширер мог знать, чтó было у Гитлера на уме в 1940 году? И неужели всё это буквоедство действительно оправдывает обращение с Гессом в течение 46 или хотя бы 4 лет? Что делает Ширера специалистом в области международного права? Неужели Едейкин, имеющий, как он утверждает, научную степень в юриспруденции, не мог привести цитату из какой-нибудь книги по юриспруденции?]

Кроме того, Гесс не собирался вести переговоры с оппонентом, что является основной задачей парламентёра. Он хотел вести переговоры не с правительством, а с герцогом Гамильтонским – офицером ВВС Великобритании относительно невысокого звания, – и намеревался спровоцировать мятеж против властей, с которыми парламентёр должен вступать в контакт. Как сообщает Айвон Киркленд [К.П.: Едейкин, как всегда, неправ. Правильная фамилия – Киркпатрик.], бывший первый секретарь британского посольства в Берлине: «Наконец, когда мы покидали помещение, ... Гесс выпалил последнее условие. Он, по его словам, забыл подчеркнуть, что предложение о мире может быть рассмотрено при условии, если Германия будет вести переговоры с другим английским правительством, а не с нынешним. Господин Черчилль, планировавший с 1936 года эту войну, и его коллеги, поддержавшие эту политику войны, не те люди, с которыми фюрер пойдет на переговоры» (цитируется по Ширеру). [К.П.: См. комментарий выше.]

Мало того, что Гесс не отвечал основным требованиям для обладания статусом парламентёра, в том смысле, что он не был уполномочен на совершение полёта

[К.П.: Если англичане поступили правильно, почему они засекретили архивы на 75 лет? Вполне вероятно, что ввиду неудачи миссии Гесса Гитлер лишь делал вид, что Гесс был сумасшедшим. Схожая история приводится о вызволении Муссолини из Гран-Сассо. Отто Скорцени сказали, что если он потерпит неудачу, руководство Третьего рейха заявит, что он сошёл с ума и действовал по собственной инициативе.]

и чётко отрицал, что он пытался вести переговоры с оппонентом;

[К.П.: В 4-й Гаагской конвенции нет слова «оппонент». Там написано: «вступить в переговоры с другою [Стороной]». Повторяю: если англичане поступили правильно, почему они засекретили архивы на 75 лет? Выходит, что 50 миллионов человек погибли по причинам, которые известны одним лишь англичанам и которые те отказываются раскрывать.]

он ещё и не отвечал другому требованию.

[К.П.: Да, знаю, у него не было белого флага.]

Портер пропускает статью Конвенции, согласно которой парламентёр должен являться с белым флагом. *Это ещё один существенный пропуск.* Очевидно, что юридическое истолкование этой статьи будет не совсем уместным. Глупо требовать, чтобы на самолёте был белый флаг, да даже если бы у Гесса и был такой флаг, его самолёт всё равно потерпел крушение и загорелся. Однако ничто не мешало Гессу соблюсти дух этой статьи, то есть заранее известить своего оппонента и попробовать договориться о переговорах. Он не отправил подобное извещение, хотя вполне мог это сделать по радио из самолёта. Кроме того, он злоупотребляет понятием «парламентёр» в том смысле, что называет себя другим именем («Альфред Горн») (приводится по Ширеру). [К.П.: Опять Ширер!] Это сводит на нет любые притязания на то, что Гесс был законным парламентёром.

Статьи, относящиеся к парламентёрам, являются развитием средневековых законов о статусе глашатая, и белый флаг – это не просто техническое требование. Подобным образом извещает о себе законный парламентёр. Обязанность парламентёра – объявить о своём статусе перед тем, как он приблизится к оппоненту, чтобы оппонент, как указано в статье 33 (пропущенной Портером), имел возможность *отказать парламентёру в приёме*.

Именно на этой стадии статья 33 (*также* пропущенная Портером) [Создаётся впечатление, что Портер пропустил две разные статьи. – *Прим. пер.*] становится ключевой. Эта статья предусматривает, что у оппонента есть право отказаться принимать парламентёра. *Гесс не позволил британцам воспользоваться этим правом.* Вместо этого Гесс, безо всякого извещения, отправился в Шотландию, где потребовал встречи с офицером невысокого звания (герцог Гамильтонский был простым «командиром авиакрыла королевских военно-воздушных сил» (приводится по Ширеру [К.П.: О нет!]) и роспуска британского правительства (с которым законный парламентёр должен вести переговоры)).

Учитывая, что Гесс не выполнил ни одного из требований, которым должен отвечать законный парламентёр, положение статьи 32 о «неприкосновенности» не может быть применено к нему, и обращение с Гессом как с военнопленным оправданно. Если считать, что приводимая Портером версия Конвенции является авторитетной, как на этом настаивают некоторые *отрицатели*, то у читателя не будет возможности провести полный анализ его утверждения. Простая причина, по которой читателю не была дана такая возможность, – та, что Портер решил привести сокращённую и изменённую версию Конвенцию, исказив её смысл.

* * *

Ещё один пример этого открытого мошенничества можно обнаружить в анализе Портером статьи 3. Портер приводит следующий текст статьи 3 Положения: «Ст. 3: "Воюющие, которые нарушат Конвенцию, должны будут возместить убытки"».

[К.П.: Это я по ошибке поставил кавычки. Цитата была исправлена, смысл остался прежним.]

Обратите внимание, что это представлено как полный текст статьи 3. Однако это НЕ является действительным текстом Конвенции. Вот действительный текст: «Воюющая Сторона, которая нарушит постановления сказанного Положения, должна будет возместить убытки, если к тому есть основание. Она будет ответственна за все действия, совершенные лицами, входящими в состав ее военных сил».

Мало того, что этот текст значительно разнится от текста, приведённого Портером. Между смыслом действительного текста Конвенции и смыслом версии Портера имеется ключевое различие. Конвенция чётко говорит о «воюющей Стороне», которой, как следует из второго предложения (пропущенного Портером), является государство, ведущее войну. В версии Портера, однако, речь идёт о «воюющих», что может означать как воюющих сторон, так и отдельных лиц. Составители Конвенции используют слово «воюющие» в статье 2 Положения в значении «воюющие лица». Ясно, что смысл, навязанный этой статье Портером, был намеренно отвергнут составителями, которые подчеркнули, что эта статья применяется к «воюющей Стороне».

Основываясь на этой, *лживой* версии текста, Портер заявляет: «Комментарии, как говорится, излишни. Ни о каких процессах здесь не идёт и речи».

Довольно смелое заявление, мягко говоря.

[К.П.: Это также один из самых распространённых доводов, приводимых защитой на процессах над «военными преступниками». Беглое ознакомление со стандартными трудами по международному праву, изданными до Второй мировой войны, такими как, например:

– Wheaton's International Law, with notes by Henry Dana Gibson, 1866 edition, centennial edition reprinted in 1936;

– International Law, by Berthold Singer, 1918;

– Handbook of International Law, by George Grafton Wilson, 3rd Edition, 1939;

– The Sources of International Law, by George A. Finch, published by the Carnegie Endowment for International Peace, 1937;

– Cases on International Law, by Charles G. Fenwick, Callaghan and Co., 1935;

– International Law, A Treatise, vol. 2, Disputes, War and Neutrality, by L. Oppenheim, published by Longmans, Green and Co., 1935;

– A Handbook of Public International Law, by T.J. Lawrence, 11th Edition by Percy H. Winfield (Лоуренс умер в 1925 г.), published by MacMillan and Co., Ltd, 1938,

показывает, что слово «процесс» крайне редко встречается или вообще не встречается в указателе. Оно отсутствует в указателях всех вышеприведённых книг, взятых чисто наугад. Да, в самом тексте нередко упоминается различные процессы, но относятся они к совершенно другим вещам – например, к международным призовым судам, к конфискации контрабанды и т.д. (т.е. к осуществлению блокады). Слово «процесс» начинает появляться в книгах по международному праву только в 1943 или 1944 году, по настоянию СССР (см.: Wheaton's International Law, 7th English edition, vol. 2, War, published by Stevens and Sons Ltd, London, 1944, «Trials of War Offenders», p 242). Сомнения в том, имел ли СССР (так же как и США) правомочность проведения судов над национал-социалистами, начинают появляться в трудах по международному праву ещё с 1948 года (см.: International Law, by Chas. G. Fenwick, 3rd edition, published by Appleton-Century-Crofts, Inc., New York, 1948, «Nuremberg trials», p. 673). Таким образом, будет вполне правомерно утверждать, что до Второй мировой войны «ни о каких процессах не шло и речи».

Что касается партизанской войны, то в «Руководстве по публичному международному праву» чётко говорится:

«Гражданским лицам не может преднамеренно и сознательно причиняться личный вред, и в их отношении не может совершаться грабёж, при условии, что они подчиняются законным требованиям неприятеля и соблюдают установленные им положения. Однако если отдельные лица в один момент действуют как безобидные гражданские лица, а в другой момент – как воюющие, меняя роли в зависимости от обстоятельств, то, будучи пойманы, они могут быть казнены.

Мирные жители территории, оккупированной неприятелем (см.: Pt. III, Ch. IV), могут привлекаться к любой службе, не имеющей ярко выраженного военного характера, но они не могут принуждаться к участию в военных операциях, направленных против их страны. При определённых обстоятельствах на них могут налагаться контрибуции и реквизиции, и они не должны, под страхом смерти, предоставлять помощь или информацию своей стороне» (A Handbook of Public International Law by T.J. Lawrence, 11th edition by Percy H. Winfield, 1938, p. 111).

Схожие утверждения можно найти в большинстве (если не во всех) остальных указанных книг.]

Первая и самая очевидная причина состоит в том, что в тексте Конвенции, в отличие от *поддельной* версии Портера, не говорится об отдельных лицах.

[К.П.: Если там не говорится об отдельных лицах, то как тогда могут проводиться суды над отдельными лицами?]

В тексте говорится только об *ответственности государства*. И, несомненно, там предполагается некий суд для установления ответственности. В принципе, именно это было сделано после Первой мировой войны.

[К.П.: О чём сейчас идёт речь? О компенсациях? О «военной вине»? О «военных преступлениях» в смысле «злодеяний»? О «военных преступлениях» в смысле «планирования, подготовки и развязывания войны в нарушение международных договоров и гарантий» и т.д. и т.п.? Не смешите меня, Лейпцигские и другие процессы были посвящены обычным злодеяниям.]

Отличное описание иска США против Германии о саботаже, проводимом в Соединённых Штатах до их вступления в *Первую* мировую войну, можно найти здесь: «Sabotage at Black Tom» by Jules Witcover (Chapel Hill, 1989).

[К.П.: Надеюсь, речь не идёт о пресловутой «телеграмме Циммермана»?]

Если Портер (судя по теме его статьи и его *краткому* комментарию) хочет сказать, что статья 3 не подразумевает судов над отдельными военными преступниками, то он также ошибается.

[К.П.: Как я могу ошибаться, если Едейкин сам только что сказал, что там не говорится об отдельных лицах? Как бы то ни было, под термином «военное преступление» традиционно понималось злодеяние, совершённое на поле боя или в отношении пленных. Сюда никак не могло входить «добровольное участие в Заговоре или Общем плане по развязыванию агрессивной войны» и т.д. и т.п.]

Ключевой вопрос: для чего предназначалась статья 3? Портер может быть прав лишь в том случае, если статья 3 была составлена для обеспечения *эксклюзивного средства судебной защиты от военных преступлений*. [К.П.: Определение, пожалуйста!] Если же она была составлена для создания основания для предъявления иска или для краткого обозначения существовавшего права, то *заявление Портера не соответствует действительности*.

Представьте себе аналогию. В англо-американском общем праве *отсутствует право предъявлять иск в связи со смертью отдельного лица*.

[К.П.: Страховые компании, банки и промышленные концерны, заваленные исками от «чудом выживших» узников Освенцима, будут очень рады услышать эту новость, так же как и табачные компании и производители оружия, осаждаемые исками от предприимчивых еврейских адвокатов.]

Все подобные иски подаются в соответствии с особыми законодательными актами и законами о признании основания иска о смерти в результате противоправных действий действительным независимо от смерти стороны (wrongful death and survival statutes).

[К.П.: Доказательство того, что у Едейкина есть научная степень в юриспруденции: приведение абсолютно не относящихся к делу фактов для внесения путаницы.]

Ни в одном из этих законов не упоминается уголовное право. Если статья 3 лишь создаёт или кратко обозначает *основание для предъявления иска*, как утверждает Портер, то его довод можно сравнить с пьяным водителем, задавившем пешехода и требующим закрыть уголовное дело в отношении него на том основании, что в вышеупомянутых законах (wrongful death and survival statutes) ничего не говорится об уголовном наказании.

[К.П.: Как вся эта белиберда отвечает на поставленный вопрос?]

Главным контраргументом против заявления о том, что статья 3 создаёт эксклюзивное средство судебной защиты, служит то, что в Конвенции попросту нет подобного заявления. Стандарты толкования законов запрещают вмешательство подобных ограничений. Если бы составители Конвенции хотели ограничить средства судебной защиты потерпевшей стороны, они бы это указали.

[К.П. Как раз наоборот, иначе одна из сторон, подписавших какой-нибудь договор, могла бы в одностороннем порядке увеличивать обязательства другой стороны для собственной выгоды.]

По сути, составители Конвенции всячески старались подчеркнуть, что текст Конвенции не является полным или ограничительным по своему характеру:

[К.П.: Очевидно, предполагалось дополнить его будущими договорами; см. выше.]

«Постановления эти, внушенные желанием уменьшить бедствия войны,

[К.П.: Если это так, то почему тогда союзники совершили столько злодеяний?]

насколько позволят военные требования, предназначаются, согласно видам Высоких Договаривающихся Сторон, служить общим руководством для поведения воюющих в их отношениях друг к другу и к населению.

В настоящее время оказалось, однако, невозможным прийти к соглашению относительно постановлений, которые обнимали бы все возникающие на деле случаи.

С другой стороны, в намерения Высоких Договаривающихся Держав не могло входить, чтобы непредвиденные случаи, за отсутствием письменных постановлений, были предоставлены на произвольное усмотрение военноначальствующих.

Впредь до того времени, когда представится возможность издать более полный свод законов войны, Высокие Договаривающиеся Стороны считают уместным засвидетельствовать, что в случаях, не предусмотренных принятыми ими постановлениями, население и воюющие остаются под охраною и действием начал международного права, поскольку они вытекают из установившихся между образованными народами обычаев, из законов человечности и требований общественного сознания».

Кроме того, нельзя утверждать, что понятие процесса над военными преступниками [К.П.: Определение, пожалуйста!] было присуще лишь суду над нацистами, имевшему место после Второй мировой войны, или же было неизвестно международному праву. К подобным процессам над военными преступниками призывали статьи 227-230 *Версальского договора*. Как пишет Телфорд Тейлор (Telford Taylor) в «The Anatomy of the Nuremberg Trials» (1992):

[К.П.: Версальский мирный договор не был ратифицирован США. Что касается Тейлора, см. мою статью «Anatomy of a Nuremberg Liar» («Анатомия Нюрнбергского лжеца»).]

«Согласно статье 227, кайзер должен был предстать перед «специальным судом», состоящим из пяти судей, по одному от Соединённых Штатов Америки, Великобритании, Франции, Италии и Японии. Ему должно было быть предъявлено обвинение не в военных преступлениях, а в "высшем оскорблении международной морали и священной силы договоров".

[К.П.: Преступление, не известное международному праву – ни тогда, ни теперь. Немного истории. Первая мировая война была вызвана выполнением Германией своих обязательств и гарантий по международным договорам перед Австрией, за которым последовало объявление войны со стороны России и Франции. Кайзер не был абсолютным монархом. И что такое «международная мораль»? «Государство А может считать человека Х убийцей, а государство В может считать убийством казнь человека Х»! Источник: Dr. Takayanagi, Tokyo Trial transcript (сборник материалов Токийского процесса), p. 42,251.]

Последующие три статьи призывали к привлечению «лиц, обвиняемых в совершении действий, противных законам и обычаям войны», к «военным судам» потерпевших сторон и требовали от германского правительства выдать обвиняемых в этом лиц любой из требующих этого союзных и объединившихся держав. Положения, схожие со статьями 228-230, были включены в более поздние мирные договоры с Австрией, Венгрией и Болгарией» (paperback edition, page 16).

[К.П.: Едейкин хочет сказать, что эти положения были правильной трактовкой 4-й Гаагской конвенции? Если да, то почему тогда голландцы отказались выдавать кайзера суду?]

Таким образом, имеется несколько причин, позволяющих заключить, что вывод Портера о статье 3 [К.П.: Статье 3 основной части 4-й Гаагской конвенции, не Приложения.] ошибочен. Более важным, однако, представляется его *нечестное* поведение при *переписывании* статьи 3 и представлении её в качестве подлинного текста *Конвенции*. Факт недобросовестного представления Портером статьи 3 значительно снижает доверие к его работе.

[К.П. Как я уже сказал, я по ошибке поставил кавычки. Цитата была исправлена, смысл остался прежним.]

* * *

Это далеко не полный анализ недостатков в доводах Портера. Аналогичные недостатки имеются в анализе статей 25, 27, 56 и статьи 43 [К.П.: Приложения к 4-й Гаагской конвенции]. В первом случае, основываясь на искажённой версии Конвенции, Портер утверждает, что бомбардировки Дрездена были неуместными.

[К.П.: Этот тип что, настаивает на обратном?]

Он, однако, не упоминает о пункте, который требует указывать или обозначать возможные цели.

[К.П.: Интересно, как Едейкин себе это представляет? Немцам что, надо было выкрасить город красным цветом? Или обвести его на карте кружком и выслать карту заказным письмом на Даунинг-стрит, 10, потребовав расписки в получении? Или, может, установить гигантские электротабло, видимые с высоты 10 километров, и отобразить на них «НЕЗАЩИЩЁННЫЙ ГОРОД» (со стрелкой, указывающей направление)?]

В случае города необходимо объявить его «открытым городом». [К.П.: Где это написано?]

Этого не было сделано ни в одном из случаев, приведённых Портером.

[К.П.: Неужели всё это буквоедство давало союзникам право заживо сжигать сотни тысяч женщин и детей посредством преднамеренных ковровых бомбардировок гражданских кварталов фосфором и отверждённым бензином (сбрасывая предварительно тяжёлые бомбы на пожарные трубопроводы)? Неужели это было намерением 4-й Гаагской конвенции? Хорошо, если неразборчивые массовые бомбардировки гражданских лиц действительно были законными (на что намекает Едейкин), то почему тогда аналогичные действия, будто бы совершённые немцами и японцами, были названы «военным преступлением»?]

Анализ Портером статьи 43 (которая, как он утверждает, требует сотрудничества с оккупационными властями) основывается на его предположении о том, что Гаагская конвенция – это *эксклюзивный закон*, охватывающий всё, что было совершено нацистами во время оккупации. Какими бы ни были положения Гаагской конвенции, законы суверенного государства могут предвзято рассматривать граждан, сотрудничающих с захватчиком и участвующих (как это было в случае с нацистской оккупацией) в убийствах, грабежах и предательстве. Уголовное преследование коллаборационистов основывалось вовсе не на Гаагской конвенции, а на уголовном кодексе соответствующих стран.

[К.П.: Оно основывалось на субъективных законах и законах с обратной силой. Или этот тип хочет сказать, что, к примеру, послевоенные «чистки» во Франции были законными? Или, может, законным был суд над Пьером Лавалем, длившийся 15 минут? А как насчёт сотен членов Ваффен-СС, заочно приговариваемых к смерти и расстреливаемых в течение 24 часов после их возвращения в Бельгию из многолетнего советского плена? Как насчёт сотен «рабов», возвращавшихся в Антверпен на лодках после войны, которых попросту сбрасывали с пристани в воду, где они тонули? (Вчера они были «рабами», сегодня они предатели.) Как насчёт женщин, которых выставляли на обозрение в клетках в антверпенском зоопарке? Как насчёт тысяч людей, замученных в южной Франции? Примеры можно приводить чуть ли не до бесконечности.]

Портер также не говорит, что это сотрудничество зависит от законности действий оккупационных властей.

[К.П.: Обратите внимание на то, как моральное пренебрежение к юридическим деталям и мелочам сменяется у этого типа буквоедским юридическим пренебрежением ко всем нормам морали и людским страданиям, вне зависимости от степени жестокости, когда ему это выгодно. Немцы, значит, должны были скрупулёзно соблюдать все законы, а союзники могли свободно расширять свои прерогативы (и злодеяния) до бесконечности. Как насчёт действий оккупационных войск союзников – массовых изнасилований, грабежей и т.д.?]

Статьи 48 и 49 (так же как и статья 43) ясно говорят, что оккупационные власти должны управлять занятой территорией в законной манере:

«Статья 48

Если неприятель взимает в занятой им области установленные в пользу Государства налоги, пошлины и денежные сборы, то он обязан делать это, по возможности сообразуясь с существующими правилами обложения и раскладки их, причем на него ложится проистекающая из сего обязанность нести расходы по управлению занятой областью в размерах, в каких обязывалось к сему законное Правительство.

Статья 49

Взимание неприятелем в занятой им области других денежных сборов, сверх упомянутых в предыдущей статье, допускается только на нужды армии или управления этой областью».

Не составит особого труда доказать, что нацисты не соблюдали этих требований. Они убивали, грабили, а на восточных территориях пытались уничтожить и изгнать местное население.

[К.П.: Как насчёт миллионов немцев, которые депортировались (нередко целыми семьями) в СССР после войны? Как насчёт тысяч немецких заводов, разобранных до винтика и вывезенных в страны-победительницы? Как насчёт 6 тысяч немецких специалистов в области авиации и ракетостроения, вывезенных в СССР? Если эти действия были незаконными ВО ВРЕМЯ войны, то что делает их законными ПОСЛЕ ВОЙНЫ, когда их совершали русские, американцы и англичане?]

Как таковое, требование о содействии законным усилиям по управлению занятой территории

[К.П.: Предложение не закончено!]

* * *

В завершение я хотел бы сопоставить *пересказ* Портера с подлинным текстом Гаагской конвенции, чтобы показать, что эти *ошибки* составляют, по сути, бо́льшую часть его работы. Ниже приводится каждая статья Конвенции, указанная Портером, наряду с полным описанием Портером этой статьи, с тем чтобы читатель смог сопоставить эти тексты и проверить, если Портер действительно, как он говорит, *«в точности»* передаёт содержание Конвенции или же он постоянно (а не случайно) искажает текст Гаагской конвенции.

[К.П.: Ниже Едейкин использует излюблённый низкоровцами метод запутывания, состоящий в том, что они цитируют то же, что и вы, но делают это так, что их цитаты всегда оказываются длиннее ваших.]

ПРЕАМБУЛА, СТАТЬЯ 3
Портер:
«Ст. 3: "Воюющие, которые нарушат Конвенцию, должны будут возместить убытки"».

[К.П.: Как я уже говорил, я по ошибке поставил кавычки. Смысл статьи при этом не изменился.]

Оригинал:
«Статья 3

Воюющая Сторона, которая нарушит постановления сказанного Положения, должна будет возместить убытки, если к тому есть основание. Она будет ответственна за все действия, совершенные лицами, входящими в состав ее военных сил».

ПРИЛОЖЕНИЕ, СТАТЬИ 1 и 2
Портер:
«Статьи 1 и 2 запрещают партизанскую войну; в ст. 1, в частности, говорится, что воюющие стороны должны удовлетворять всем нижеследующим условиям: 1) иметь во главе лицо, ответственное за своих подчинённых; 2) иметь определённый и явственно видимый издали отличительный знак; 3) открыто носить оружие и 4) соблюдать в своих действиях законы и обычаи войны».

Оригинал:
«Статья 1

Военные законы, права и обязанности применяются не только к армии, но также к ополчению и добровольческим отрядам, если они удовлетворяют всем нижеследующим условиям:

1) имеют во главе лицо, ответственное за своих подчиненных;

2) *имеют определенный и явственно видимый издали отличительный знак*;

[К.П.: Подозреваю, что «отличительный знак» — это больше, чем просто повязка, которую можно надеть на руку перед нападением и затем выбросить. Когда и где партизаны соблюдали этот пункт?]

3) *открыто носят оружие* и

[К.П.: Когда и где партизаны соблюдали этот пункт?]

4) *соблюдают в своих действиях законы и обычаи войны.*

[К.П.: Когда и где партизаны соблюдали этот пункт?]

Ополчение или добровольческие отряды в тех странах, где они составляют армию или входят в ее состав, понимаются под наименованием армии.

Статья 2

Население незанятой территории, которое при приближении неприятеля добровольно возьмется за оружие для борьбы с вторгающимися войсками и которое не имело времени устроиться, согласно статье 1 будет признаваться в качестве воюющего, если будет *открыто носить оружие* и будет *соблюдать законы и обычаи войны*».

[К.П.: Когда и где партизаны соблюдали этот пункт?]

ПРИЛОЖЕНИЕ, СТАТЬЯ 5

Портер:

«В статье 5 о военнопленных говорится, что "собственно заключение может быть применено к ним [военнопленным] лишь как *необходимая мера безопасности* и исключительно пока *существуют обстоятельства, вызывающие эту меру*"».

Оригинал:

«Статья 5

Военнопленные могут быть подвергнуты водворению в городе, крепости, лагере или каком-либо другом месте с обязательством не удаляться за известные определенные границы; но собственно заключение может быть применено к ним лишь как *необходимая мера безопасности* и исключительно пока *существуют обстоятельства, вызывающие эту меру*».

[К.П.: Когда и где союзники соблюдали эту статью?]

ПРИЛОЖЕНИЕ, СТАТЬЯ 6

Портер:

«В статье 6 говорится, что воюющие стороны могут использовать труд военнопленных, за исключением офицеров. Военнопленные могут работать на государственные учреждения, за счёт частных лиц или лично от себя».

Оригинал:

«Статья 6

Государство может привлекать военнопленных к работам сообразно с их чином и способностями, за исключением офицеров. Работы эти не должны быть слишком обременительными и не должны иметь никакого отношения к военным действиям.

Военнопленным может быть разрешено работать на государственные установления, за счет частных лиц или лично от себя.

Работы, производимые для Государства, оплачиваются по расчету цен, существующему для чинов местной армии, за исполнение тех же работ, а если такого расчета нет, то по ценам, соответственным произведенным работам.

Если работы производятся на государственные установления или за счет частных лиц, то условия их определяются по соглашению с военной властью.

Заработок пленных назначается на улучшение их положения, а остаток выдается им при освобождении, за вычетом расходов по их содержанию».

[К.П.: Когда и где союзники соблюдали эту статью?]

ПРИЛОЖЕНИЕ, СТАТЬЯ 7
Портер:

«Ст. 7: "...Военнопленные пользуются такой же пищей, помещением и одеждой, как войска Правительства, взявшего их в плен"».

[К.П.: Когда и где союзники соблюдали эту статью?]

Оригинал:

«Статья 7

Содержание военнопленных возлагается на Правительство, во власти которого они находятся.

Если между воюющими не заключено особого соглашения, то военнопленные пользуются такой же пищей, помещением и одеждой, как войска Правительства, взявшего их в плен».

[К.П.: Когда и где союзники соблюдали эту статью?]

ПРИЛОЖЕНИЕ, СТАТЬЯ 8
Портер:

«Статья 8: "Военнопленные подчиняются законам, уставам и распоряжениям, действующим в армии Государства, во власти коего они находятся. Всякое неповиновение с их стороны дает право на применение к ним необходимых мер строгости..."»

Оригинал:

«Статья 8

Военнопленные подчиняются законам, уставам и распоряжениям, действующим в армии Государства, во власти коего они находятся. Всякое неповиновение с их стороны дает право на применение к ним необходимых мер строгости.

Лица, бежавшие из плена и задержанные ранее, чем успеют присоединиться к своей армии, или ранее, чем покинут территорию, занятую армией, взявшей их в плен, подлежат дисциплинарным взысканиям.

Военнопленные, удачно совершившие побег и вновь взятые в плен, не подлежат никакому взысканию за свой прежний побег».

ПРИЛОЖЕНИЕ, СТАТЬЯ 20
Портер:
«В статье 20, в свою очередь, говорится: "По заключении мира отсылка военнопленных на родину должна быть произведена в возможно близкий срок"».

[К.П.: Когда и где союзники соблюдали эту статью?]

Оригинал:
«Статья 20

По заключении мира отсылка военнопленных на родину должна быть произведена в возможно близкий срок».

[К.П.: Когда и где союзники соблюдали эту статью?]

ПРИЛОЖЕНИЕ, СТАТЬЯ 23
Портер:
«И, наконец, статья 23, пункт з) запрещает объявлять "потерявшими силу, приостановленными или лишенными судебной защиты права и требования подданных противной стороны"».

[К.П.: Когда и где союзники соблюдали эту статью?]

Оригинал:
«Статья 23

Кроме ограничений, установленных особыми соглашениями, воспрещается:

а) употреблять яд или отравленное оружие;

б) предательски убивать или ранить лиц, принадлежащих к населению или войскам неприятеля;

[К.П.: Когда и где союзники соблюдали этот пункт?]

в) убивать или ранить неприятеля, который, положив оружие или не имея более средств защищаться, безусловно сдался;

[К.П.: Когда и где партизаны, русские, а также американцы, англичане и французы соблюдали этот пункт?]

г) объявлять, что никому не будет дано пощады;

[К.П.: Когда и где партизаны и русские соблюдали этот пункт? См.: Иоахим Гофман, «Сталинская истребительная война».]

д) употреблять оружие, снаряды или вещества, способные причинять излишние страдания;

[К.П.: Когда и где союзники соблюдали этот пункт?]

е) незаконно пользоваться парламентерским или национальным флагом, военными знаками и форменной одеждой неприятеля, равно как и отличительными знаками, установленными Женевскою конвенциею;

ж) истреблять или захватывать неприятельскую собственность, кроме случаев, когда подобное истребление или захват настоятельно вызывается военною необходимостью;

[К.П.: Когда и где союзники соблюдали этот пункт?]

з) объявлять потерявшими силу, приостановленными или лишенными судебной защиты права и требования подданных противной стороны.

[К.П.: Когда и где союзники соблюдали этот пункт?]

Равным образом воюющему запрещено принуждать подданных противной стороны принимать участие в военных действиях, направленных против их страны, даже в том случае, если они были на его службе до начала войны».

ПРИЛОЖЕНИЕ, СТАТЬИ 25, 27 и 56

Портер:

«Статьи 25, 27 и 56 запрещают "атаковать или бомбардировать каким бы то ни было способом" незащищённые города, строения, исторические памятники и т.д.»

Оригинал:

«Статья 25

Воспрещается атаковать или бомбардировать каким бы то ни было способом незащищенные города, селения, жилища или строения.

[К.П.: Когда и где союзники соблюдали эту статью?]

Статья 27

При осадах и бомбардировках должны быть приняты все необходимые меры к тому, чтобы щадить, насколько возможно, храмы, здания, служащие целям науки, искусств и благотворительности, исторические памятники, госпитали и места, где собраны больные и раненые, под условием, чтобы таковые здания и места не служили одновременно военным целям.

[К.П.: Когда и где союзники соблюдали этот пункт?]

Осаждаемые обязаны обозначить эти здания и места особыми видимыми знаками, о которых осаждающие должны быть заранее поставлены в известность.

[К.П.: Неужели все эти технические мелочи оправдывают союзнические ковровые бомбардировки, поднимавшие огненные смерчи высотой до 60 километров (Гамбург), охватывавшие сотни квадратных километров (бесчисленное количество примеров) и имевшие своей исключительной целью ввязывание американцев в войну? См. также: J.M. Spaight, «Bombing Vindicated».]

[Статья 56]
Собственность общин, учреждений церковных, благотворительных и образовательных, художественных и научных, хотя бы принадлежащих Государству, приравнивается к частной собственности».

[К.П.: Когда и где союзники соблюдали этот пункт?]

ПРИЛОЖЕНИЕ, СТАТЬЯ 32

Портер:
«В статье 32 говорится: "Парламентером считается лицо, уполномоченное одной из воюющих Сторон вступить в переговоры с другою... Парламентер... пользуется правом неприкосновенности"».

Оригинал:
«Глава III. О парламентерах

Статья 32

Парламентером считается лицо, уполномоченное *одной* из воюющих Сторон вступить в переговоры с другою и являющееся с белым флагом. Как сам парламентер, так и сопровождающие его трубач, горнист или барабанщик, лицо, несущее флаг, и переводчик пользуются правом неприкосновенности.

Статья 33

Начальник войск, к которому послан парламентер, не обязан принять его при всяких обстоятельствах.

Он может принять все необходимые меры, дабы воспрепятствовать парламентеру воспользоваться возложенным на него поручением для собирания сведений.

Он имеет право в случае злоупотреблений со стороны парламентера временно его задержать.

[К.П.: Временно – это на ЧЕТЫРЕ ГОДА?]

Статья 34

Парламентер теряет право на неприкосновенность, если будет положительным и несомненным образом доказано, что он воспользовался своим привилегированным положением для подговора к измене или для ее совершения».

[К.П.: О измене кому идёт речь? Рудольф Гесс что, был британским подданным, или я что-то пропустил?

Дополнение. Вообще-то речь здесь идёт о военной измене. См.: C.W. Porter, «The Meaning of 'War Crime' and 'War Criminal' in Pre-1945 International Law».]

ПРИЛОЖЕНИЕ, СТАТЬЯ 43
Портер:
«Статья 43 требует сотрудничества с оккупационными властями: "С фактическим переходом власти из рук законного Правительства к занявшему территорию неприятелю последний обязан принять все зависящие от него меры к тому, чтобы, насколько возможно, восстановить и обеспечить общественный порядок и общественную жизнь, уважая существующие в стране законы, буде [если] к тому не встретится неодолимого препятствия"».

[К.П.: Когда и где союзники соблюдали эту статью?]

Оригинал:
«Статья 43

С фактическим переходом власти из рук законного Правительства к занявшему территорию неприятелю последний обязан принять все зависящие от него меры к тому, чтобы, насколько возможно, восстановить и обеспечить общественный порядок и общественную жизнь, уважая существующие в стране законы, буде к тому не встретится неодолимого препятствия».

[К.П.: Когда и где союзники соблюдали эту статью?]

ПРИЛОЖЕНИЕ, СТАТЬЯ 46
Портер:
«Статья 46: "... Частная собственность не подлежит конфискации"».

Оригинал:
«Статья 46

Честь и права семейные, жизнь отдельных лиц и частная собственность, равно как и религиозные убеждения и отправление обрядов веры, должны быть уважаемы.

[К.П.: Когда и где союзники соблюдали этот пункт?]

Частная собственность не подлежит конфискации».

[К.П.: Когда и где союзники соблюдали этот пункт?]

* * *

Несмотря на заверения Портера в том, что он желает привести «в точности» то, что написано в Конвенции, он делает *прямо противоположное*. Из Преамбулы к Конвенции и 14 статей, на которые ссылается Портер, лишь две (статьи 20 и 43) являются точным изложением текста Конвенции. Остальные цитаты Портера изобилуют существенными изменениями и сокращениями, которые меняют смысл приводимых им статей. В нескольких случаях неточный пересказ приводится как прямая цитата. Кроме того, Портер игнорирует все статьи, противоречащие его тезису о том, что Третий рейх не совершал военных преступлений. [К.П. Определение, пожалуйста!] Так, он не приводит статей 18 и 50, являвшихся ключевыми на процессах над военными преступниками. [К.П.: Первый раз об этом слышу.] В них говорится:

«Статья 18

Военнопленным предоставляется *полная свобода отправления религиозных обрядов*, не исключая и *присутствия на церковных*, по их обрядам, богослужениях, под единственным условием соблюдения предписанных военною властью мер порядка и безопасности».

[К.П.: Когда и где эту статью соблюдали те же русские, например? Включает ли в себя «полная свобода отправления религиозных обрядов» право морить военнопленных голодом и холодом, держать их месяцами в вырытых в земле ямах, оставлять их умирать от дизентерии, при полном отсутствии какого-либо укрытия и человеческой пищи? См.: James Bacque, «Other Losses»; James Bacque, «Crimes and Mercies»; Ralph Franklin Keeling, «Gruesome Harvest» и др. Или этот тип считает, что военное преступление не является таковым, если совершается победителями после войны?]

«Статья 50

Никакое общее взыскание, денежное или иное, не может быть налагаемо на все население за те деяния единичных лиц, в коих не может быть усмотрено солидарной ответственности населения».

[К.П.: А, наверно, поэтому союзники так любили расстреливать заложников – у немцев ведь не осталось ничего, чем они могли бы платить «денежное взыскание». Наверно, поэтому целые заводы были разобраны до винтика и вывезены в СССР и США вместе с документацией, вопреки всем патентам. Наверно, поэтому русские вывезли в СССР 6 тысяч специалистов в области авиации и ракетостроения и не менее 5 миллионов простых немцев, используя годами их рабский труд. См.: David Irving, «The Last

Battle»; Werner Keller, «Are the Russians Ten Feet Tall?» (другое название: «East Minus West Equals Zero») и т.д. и т.п.]

Портер прав в одном отношении: так же как и в случае с любым законом или договором, важно установить, что́ в точности говорится в Гаагской конвенции. К сожалению, *он не выполнил своего обещания*. Сделать простой копипаст текста Конвенции не так уж и сложно; [К.П.: Да, наверно из-за копипаста Едейкин смешал в одну кучу Гаагские и Женевские конвенции.] Портер, однако, этого не сделал. [К.П.: Да, надо было действительно это сделать; это бы существенно подкрепило мои аргументы.] Вместо этого он решил отредактировать и пересказать своими словами положения Гаагской конвенции и проигнорировать все статьи, противоречащие его планам. [К.П.: А Едейкин решил сосредоточиться на немецких преступлениях и проигнорировать все преступления и злодеяния союзников. Что хуже?] Текст, приводимый Портером, *настолько неточен*, что в одних случаях *нельзя установить истинный смысл* Гаагской конвенции, а в других имеет место *неверное толкование* этой конвенции. [К.П.: Значит ли это, что американцы соблюдали эту конвенцию, а немцы – нет?]

Что ж, Портер не смог сделать простого копипаста [К.П.: Я предпочитаю фотокопии из изданной в 1915 году работы «Carnegie Endowment for International Peace», содержащей подписи, ратификации, присоединения и оговорки], и проверить точность его работы не составило бы особого труда. Даже выборочная проверка показала бы, что 13 из 15 значимых «цитат», приведённых Портером, неверны. Однако администраторы сайта CODOH перед размещением у себя статьи Портера *не удосужились проверить легкодоступные первоисточники*.

Итак, этот краткий анализ показал, что статья Портера «Процессы над "военными преступниками"» изобилует *преднамеренными искажениями, мошенническим изложением* текста Конвенций и *фактологическими ошибками*. Работа Портера полностью провальна и создаёт *весьма гнетущее впечатление*. *Неверные цитаты и фактологические ошибки* Портера не стало бы терпеть ни одно *уважающее себя учёное сообщество* или любое другое учреждение, делающее акцент на *фактологической точности*. Она бы никогда не выдержала *объективной экспертной оценки*. И только в *теневом мире сумасшедших экстремистов*, отрицающих Холокост, статьи наподобие вышеуказанной пользуются признанием. Считать эту статью убедительной или авторитетной могут только очень доверчивые люди или те, кто вынашивает определённые планы.

Отсюда неизбежный вывод – процесс написания статьи «Процессы над "военными преступниками"» был *ошибочным или нечестным*, а процесс её выкладывания в интернете также был *ошибочным или нечестным*. Данная статья содержит столько ошибок, что *её ценность равна нулю*; её можно, разве что, приводить в качестве примера *неудачной попытки* оправдать нацистские злодеяния.

[Конец статьи Эдейкина.]

* * *

[К.П.: Если оправдывать «нацистские злодеяния» плохо и незаконно, то почему тогда американцы стали проводить столько процессов? Утверждения из моей статьи не были придуманы мной во время бессонной ночи или помешательства. Все доводы, за исключением тех, что относятся к Рудольфу Гессу, неоднократно приводились американскими адвокатами, защищавшими немецких и японских «военных преступников». Эти доводы можно найти в материалах Токийского процесса, процесса Мартина Готфрида Вайсса (где все адвокаты защиты были американцами), Нюрнбергского процесса (где все адвокаты защиты были немцами), а также в материалах сотен, если не тысяч, других процессов. Лучшими из этих адвокатов, отдавших многие годы своей жизни этому неблагодарному делу, были, на мой взгляд, Бен Брюс Блэйкени (Major W. Ben Bruce Blakeney), Уильям Логан (William L. Logan), Джордж Блюэтт (George F. Blewett) и Джордж Фёрнесс (George A. Furness). Сотни американских, немецких и японских адвокатов с невероятными эрудицией, сарказмом и гневом защищали своих подопечных. Некоторые из неопровержимых доводов защиты на этих процессах (например, «Не будет ли слепо, в свете действительности, стоящей перед сообществом наций, считать, что политическая, экономическая или военная форма правления будет работать, если каждый служащий государства должен будет каждый раз решать для себя, не нарушает ли приказ от его вышестоящих международное право, международные договора, соглашения и гарантии, дабы в один день он не был объявлен военным преступником судьёй другого государства?»; Dr. Takayanagi, Tokyo Trial transcript, pp. 42,213) попросту игнорировались при вынесении приговоров. В искренности этих адвокатов нельзя сомневаться.

Так, например, на процессе адмирала Тойоды (20-томное собрание материалов этого процесса хранится в гаагском Дворце мира) Бен Брюс Блэйкени сказал о генерал-лейтенанте Хомма (которого уже повесили) следующее: «Я говорю о нём с трепетным уважением и памятью». Стал бы он это говорить на не относящемся к делу процессе, если бы это было неправдой? Другой адвокат, Уильям Логан, сравнил трибунал процесса адмирала Тойоды с Калигулой, который «размещал свои указы на высоких шестах, чтобы никто не знал, за какие преступления его могут приговорить к смерти».

На процессе Мартина Готфрида Вайсса один из адвокатов защиты, уроженец американского Юга, сказал, что если бы его дед был ещё жив, он тоже считался бы «военным преступником», поскольку «однажды он сторожил военнопленных янки, чтобы те не сбежали»; это могло бы служить доказательством «добровольного участия или членства в Заговоре или Общем плане».

Сборники материалов всех этих процессов пестрят цитатами и ссылками на признанных авторитетов в области государственного и международного права. Почему Едейкин не ознакомится с ними, если его так интересует эта тема? Или ядерные бомбардировки – это «продвижение в области международного права», а беспорядочные бомбардировки китайских городов, будто бы производимые японцами, – это «военное преступление»? Огненные бомбардировки мирных городов, переполненных женщинами и детьми, – это «акт героизма», а казнь, по японским законам, семерых членов американских бомбардировщиков – «военное преступление»?

Представьте себе, какой бы поднялся вой возмущения, если бы немцы или японцы плюнули на Женевскую конвенцию об обращении с военнопленными и объявили военнопленных «сдавшимся вражеским персоналом», а значит, не подпадающим под действие данной конвенции, как это сделал Эйзенхауэр!

В 1861 году Авраам Линкольн объявил о морской блокаде побережья Конфедерации и вместе с тем заявил о намерении повесить всех конфедератов как мятежников. После этого британское правительство сообщило ему, что он вполне вправе вешать конфедератов как мятежников, если хочет (ибо понятия «мятеж», «конфликт» и «война» – довольно разные вещи в классическом международном праве), но вот блокада – это военный акт, требующий объявления войны, а после объявления войны он будет обязан обращаться с взятыми в плен конфедератами как с военнопленными; «он не вправе сочетать условия войны и мира для собственной выгоды». Линкольн отказался от плана о повешении всех пленных конфедератов лишь после того, как Джефферсон Дэвис пригрозил об ответных мерах по принципу «один за одного». [Источник: «1911 Encyclopaedia Britannica», статья «WAR» и схожие статьи.]

Репрессалии против военнопленных впервые в истории были запрещены Женевской конвенцией об обращении с военнопленными 1929 года, и из всей конвенции самым важным считается, как правило, именно этот аспект.

Что ж, Едейкин, по-видимому, знает, как вести дела о поножовщине, но он мало что знает о рассматриваемой здесь теме и ничего не знает о ревизионистской истории. Я никогда не утверждал, что немцы и японцы ни разу не нарушали договора, конвенции и декларации, подписанные в *1899-1907* годы, и я не оправдываю всё, что они делали.

Осмелюсь также заявить, что полное прочтение соответствующих договоров, конвенций и деклараций подкрепит, а не ослабит мои доводы, вопреки заверениям моего глубоконеуважаемого коллеги.]

* * *

«Когда время умерит эмоции и предвзятость, когда Здравомыслие сорвёт маску с неправильного представления, тогда Правосудие, ровно держа весы, поменяет местами цензуру и похвалу прошедших времён» – Судья Р.Б. Пал.

* * *

Примечание. Едейкин однажды был арестован и оштрафован за нападение на полицейского в зале суда. Вполне возможно, что низкое качество его юридических статей объясняется именно его импульсивным характером. Едейкин является также адвокатом NAMBLA – североамериканской ассоциации бойлаверов (педофилов-гомосексуалистов) (это не шутка!).

МЫЛО ИЗ ЧЕЛОВЕЧЕСКОГО ЖИРА,

или как низкоровцы уличили Карлоса Портера и других «отрицателей» во лжи

Предисловие

Низкоровская техника запутывания известна. Если вы, к примеру, напишете: «В издании "Энциклопедии Кольера" от 1966 года (Collier's Encyclopedia, volume V, p. 176) отрицается, что Калигула назначил свою лошадь консулом, и намекается на то, что это обвинение было выдумано из-за того, что он оскорбил чувства евреев», то низкоровцы (он же Низкор, Nizkor) разыщут эту энциклопедию и процитируют её дословно: «Подобные истории о явном помешательстве – например, что он [Калигула] назначил свою лошадь консулом – не соответствуют действительности. Но даже если историческая традиция о нём, происходящая из сенаторских и еврейских источников, предвзята, нет никаких сомнений в том, что он был жестоким и аморальным», после чего, используя изощрённую софистику и буквоедство, примутся утверждать, что соответствующая цитата, приведённая целиком, служит доказательством вашей лживости.

Если вы приведёте цитату дословно, то они приведут несколько предложений, предшествующих и следующих за ней («Он [Калигула], вероятно, страдал эпилепсией, и тяжёлая болезнь через шесть месяцев после его восхождения на престол сильно сказалась на его характере и правлении. Он стал своевольным и деспотичным, лишился своей былой популярности и завоевал особую ненависть римского сената. Будучи императором, он разбазаривал деньги на публичные увеселения в Риме и Италии, а также на общественные проекты, самым впечатляющим из которых было сооружение наплавного моста через часть Неаполитанского залива. Устраивая внутренние дела империи, он жестоко задевал чувства евреев. Он оскорбил еврейских послов из Александрии, в том числе Филона Александрийского, посланного после начала сильных гонений на еврейское население; им был издан указ (впоследствии отменённый) об установлении собственной статуи в иерусалимском Храме. [...] Подобные истории о явном помешательстве – например, что он назначил свою лошадь консулом – не соответствуют действительности. Но даже если историческая традиция о нём, происходящая из сенаторских и еврейских источников, предвзята, нет никаких сомнений в том, что он был жестоким и аморальным, многих оскорбил своими шутками, был несдержан после болезни и, несмотря на свой несомненно высокий интеллект, был в молодости развращён абсолютной властью».), после чего, не моргнув глазом, будут утверждать, что это доказывает вашу лживость.

Учитывая, что единственная забота низкоровцев – это доказать лживость «отрицателей истории с лошадью-консулом», вне зависимости от каких-либо других моментов (например, фактов, логики, последовательности, истины и т.д.), рассматриваемый вопрос не только остаётся без ответа, но и становится ещё более загадочным, чем прежде. Калигула был сумасшедшим или нет? Он назначил свою лошадь консулом или нет? Он оскорбил чувства евреев или нет? Имеющиеся о нём источники предвзяты или нет? Что это за источники? Какова их достоверность? Непонятно.

СМИ, не способные провести простейший фактологический или логический анализ, начнут кричать, что вы «оправдываете Калигулу» и будут требовать, чтобы вас посадили в тюрьму за «отрицание истории с лошадью-консулом».

Один из примеров низкоровской «техники опровержения» можно встретить в их «работе» о мыле из человеческого жира. Ниже приводятся 4 из 6 частей этого «разгромного» документа с моими комментариями в квадратных скобках. (Приводимые Низкором ссылки опущены. – *Прим. пер.*)

∗ ∗ ∗

**Техника отрицания Холокоста
Утверждения о мыле
Часть 1 из 6**

В этой работе мы рассмотрим доводы ряда ревизионистов касательно утверждений о том, что во время Второй мировой войны нацисты делали мыло из человеческого жира. Будут проанализированы утверждения:
– Марка Вебера,
– Брэдли Смита,
– Карлоса Портера,
– Ричарда Харвуда и Дитлиба Фельдерера.

Поскольку «ревизионисты» часто преподносят утверждения об изготовлении мыла из человеческого жира как атаку на немцев вообще,

[Карлос Портер: Ложь о мыле из человеческого жира аналогична лжи о газовых камерах: она оскорбляет честь всех немцев и, если хотите, всей белой расы, западной цивилизации, культуры и христианства вообще.]

Низкор хочет сразу же прояснить один момент. Мы приводим информацию о профессоре Шпаннере и Данцигском эксперименте с мылом не потому, что считаем этот отдельный случай существенным для всей истории Холокоста в целом

[К.П. Ну так как, нацисты делали мыло из человеческого жира или нет?]

или таким уж значимым,

[К.П.: Так он значим или нет? Если бы эту историю не заклеймили как явную ложь много лет тому назад, низкоровцы уж точно считали бы её невероятно значимой. В противном случае они не чувствовали бы себя обязанными отстаивать её сейчас.]

а потому, что рассматриваемые нами ревизионисты попытались запутать этот вопрос.

[К.П.: Мы уделяем такое большое внимание этому вопросу потому, что было сделано (и всё ещё делается) обвинение. Так как, нацисты делали мыло из человеческого жира или нет?]

Они соединили слухи о буквах «RIF» и Данцигском эксперименте в *единую «мыльную» историю* [Здесь и далее выделено мной. – К.П.] и стали приводить заявления о том или другом моменте так, как будто бы те относились к *каждому из них*.

[К.П.: История с буквами «RIF», по общепризнанному мнению, является выдумкой, а в историю с Данцигским экспериментом никто не верит и никогда не верил, в том числе низкоровцы, которые, тем не менее, «решают не обсуждать её достоверность» (см. ниже) – вероятно, потому, что они не хотят отстаивать то, во что никто не верит. Повторяю вопрос: нацисты делали мыло из человеческого жира или нет?]

Во избежание этой запутанности и с целью разоблачения этой *техники отрицания* необходимо подробно остановиться на доказательствах, относящихся к Данцигскому эксперименту.

Низкор не будет обсуждать достоверность этих доказательств,

[К.П.: См. выше.]

поскольку нам не ясно, существует ли среди историков консенсус по этому вопросу.

[К.П.: Иными словами, историки в это не верят; см. ниже.]

Пусть читатель сам решает, насколько достоверна эта история. Стоит, однако, подчеркнуть, что доказательства этой истории существует, и в рассматриваемых нами ревизионистских трудах эти доказательства игнорируются

[К.П.: И какова же ценность этих «доказательств»? Из чего они состоят? До того, как ревизионисты обнаружили эти «доказательства», никто не знал об их существовании, особенно низкоровцы.]

в попытке запутать несведущего читателя.

[К.П.: Намёк на то, что низкоровцы (Низкор) – единственные настоящие эксперты.]

* * *

Утверждения Марка Вебера

<u>Первое утверждение Вебера</u>: «Одна из самых зловещих и лживых холокостных историй – то, что немцы делали мыло из тел своих жертв. [...] Более того, это обвинение было "доказано" на главном Нюрнбергском процессе 1945-1946 годов и затем десятилетиями авторитетно приводилось многочисленными историками».

Это неправда. В приговоре Нюрнбергского процесса говорится: «После кремации пепел использовался в качестве удобрения, и *в ряде случаев были сделаны попытки* использовать жир тел жертв для коммерческого производства мыла» (выделено мной – Низкор).

Обратите внимание на то, что в приговоре Нюрнбергского процесса не говорится, что из человеческих останков изготавливалось мыло; напротив, там говорится, что нацисты *пытались* изготовить мыло из человеческих останков. Пытаться что-то сделать и действительно это сделать – это не одно и то же.

[К.П.: Так как, нацистам удались их «попытки» изготовления мыла из человеческих останков или нет? Они делали мыло из человеческого жира или нет?]

В приговоре не говорится также, что эти попытки были распространёнными.

[К.П.: Хорошо, допустим. Вопрос: делали ли нацисты эти попытки? Если да, то были ли они успешными?]

Вебер умышленно искажает текст приговора Нюрнбергского процесса в попытке дискредитировать решения этого суда.

[К.П.: Это называется ложным выводом – выводом, не следующим непосредственно из посылок.]

Второе утверждение Вебера: «Холокостные историки скрепя сердце признали, что история о мыле из человеческого жира – ложь, выдуманная военной пропагандой».

Вопреки сказанному Вебером здесь и выше, подавляющее большинство холокостных историков *никогда* не верили в то, что нацисты массово производили мыло из человеческого жира.

[К.П.: Интересно, как эта простая истина противоречит заявлению Вебера?]

Он намекает на то, что такие люди, как Иегуда Бауэр и Дебора Липштадт, внезапно поменяли своё мнение по этому вопросу, особенно из-за того, что ревизионисты это доказали.

[К.П.: Внезапно или нет, они поменяли своё мнение или нет? Или они вообще никогда в это не верили?]

Это неправда, поскольку Бауэр и Липштадт (и многие другие) никогда не верили в эту историю и ни разу не упоминали о ней

[К.П.: Ага, теперь ясно: они никогда в это не верили. Ну и как же это доказывает неправоту Вебера? Может, это дискредитирует как раз приговор Нюрнбергского процесса, хотя бы на самую малость?]

в своих трудах о Холокосте. Коллеги Вебера – ревизионисты Ричард Харвуд и Дитлиб Фельдерер – и те противоречат ему, когда жалуются на то, что во многих книгах по холокосту ничего не упоминается о мыле из человеческого жира.

[К.П.: Да, наверно, потому, что Вебер правильно отметил: никто в это не верит, никогда не верил и вообще не хочет это обсуждать.]

Третье утверждение Вебера: «Британские военнопленные, содержавшиеся в Освенциме в 1944 году, и те позже дали показания о ходивших во время войны слухах о том, что из тел жертв газаций там делали мыло».

Вообще-то в нюрнбергских документах содержатся показания только одного британского военнопленного, в которых упоминается слух о мыле из человеческого жира, ходивший в Освенциме. Вот что заявил этот военнопленный (Дуглас Фрост): «*Немецкие гражданские лица* нередко пугали заключённых, что их подвергнут газации и сделают из них мыло. Заключённые неоднократно говорили нам об этом, и я лично много раз слышал, как немецкие гражданские лица пугали их этим. Также я слышал, как немцы шутили об этом между собой. Поначалу я не воспринимал это всерьёз, но затем я стал спрашивать себя: а может, всё это правда? *Несмотря на то, что я лично ничего не видел, у меня создалось впечатление*, что в Освенциме шло производство мыла из заключённых путём получения жира из жертв газаций» (выделено мной – Низкор).

Как мы увидим позже, два других британских военнопленных дали показания о производстве мыла в Данцигском анатомическом институте, а не в Освенциме;

[К.П.: И какова же ценность показаний Фроста? Откуда Фрост мог знать о возможных газациях? Почему Фроста не вызвали в суд для дачи показаний, чтобы он смог сообщить об источнике имеющейся у него информации?]

неясно, *специально Вебер спутал их или случайно*. Это вовсе не сообщения о слухах; то была информация, полученная из первых рук; лица, давшие эти показания, лично во всём участвовали.

[К.П.: См. выше: «Я лично ничего не видел».]

Обратите внимание на то, что Фрост говорит всего лишь о слухах

[К.П.: Ну так какова ценность показаний Фроста?]

и что Вебер умышленно не упоминает о том, что Фрост обвинил в распространении этих слухов немцев, работавших в Освенциме. Известно, что в Освенциме не производилось мыло из человеческого жира.

[К.П.: Повторяю вопрос: какова ценность показаний Фроста?]

Рассказывая о мыле, взятом из Освенцима, Майкл Беренбаум пишет: «Мемориальный музей Холокоста США исследовал несколько кусков мыла, будто бы состоящего из человеческого жира, но подобный жир обнаружен не был». Отрицательный результат исследований был подтверждён также в письме от 30 мая 1995 года, отправленном нам служащим музея Холокоста США Стивом Фриссеном. Однако, несмотря на то, что мыло из человеческого жира в Освенциме не делали, многие, похоже, верили в это в своё время, и немецкие гражданские лица пугали заключённых, что из них сделают мыло, что и описывается Фростом в своих показаниях.

Четвёртое утверждение Вебера: «[Советский обвинитель] Смирнов обильно процитировал письменные показания Зигмунда

Мазура, работника [Данцигского анатомического] института, принятые Нюрнбергским судом в качестве вещественного доказательства СССР-197. В них утверждается, что д-р Рудольф Шпаннер, глава Данцигского института, в 1943 году отдал указание об изготовлении мыла из трупов».

Это правда: *самое компрометирующее и яркое* описание Данцигского анатомического института было дано Мазуром, работавшим там с января 1941 года до захвата Данцига. Обратите внимание на то, что Вебер никоим образом не пытается дискредитировать Мазура.

[К.П.: Показания Мазура представляют собой так называемую «верную копию», в которой все подписи Мазура напечатаны на русском, хотя он этого языка не знал. Интересно, кого (или что) «компрометируют» эти показания: немцев или доказательственные процедуры Нюрнбергского процесса? Показания Мазура достоверны или нет? Низкор говорит, что он не будет обсуждать этот момент. Странно. Если эти показания настолько «компрометирующие» и «яркие», почему бы не обсудить их достоверность? Чего так боятся низкоровцы (Низкор)?]

Пятое утверждение Вебера: «Был также предъявлен "рецепт" мыла из человеческого жира, будто бы составленный д-ром Шпаннером (Нюрнбергский документ СССР-1996)».

Вообще-то в этом «рецепте» (составленном на немецком) нет слова «человеческий». Это был рецепт мыла из жира, напечатанный на бланке Данцигского анатомического института.

[К.П.: Повторяю вопрос: эти показания подтверждают историю с мылом из человеческого жира, или же они компрометируют доказательственные процедуры Нюрнбергского процесса?]

Шестое утверждение Вебера: «Долгие годы множество "солидных" историков рекламировало неувядающую историю о мыле [из человеческого жира]. Её повторяет, в том числе, журналист-историк Уильям Ширер в своём бестселлере "Взлёт и падение Третьего рейха"».

Посмотрим, что в действительности пишет Ширер: «Одна данцигская фирма, согласно документам, представленным советским обвинением, изготовила котёл с электрическим подогревом для производства мыла из человеческого жира».

Обратите внимание на то, что Ширер не поддерживает, не подтверждает и не «рекламирует» историю о мыле. Он просто пишет, что некая фирма изготовила котёл, согласно одному документу Нюрнбергского процесса – СССР-272, если быть точным. (Этот документ представляет собой письменные показания британского капрала и военнопленного Уильяма Андерсона Нили.)

[К.П.: Ширер упоминает о мыле из человеческого жира в сноске; он пишет о котле, но при этом ссылается на документ СССР-8, стр. 197; это доказывает, что Ширер не имеет ни малейшего понятия о том, о чём пишет, так как документ СССР-8 имеет всего лишь 13 страниц. Ширер не знал о показаниях Нили и не ссылался на них. Мне удалось разыскать этого самого Уильяма Андерсона Нили в конце 1980-х, но он не пожелал осчастливить мир рассказом о процедуре изготовления мыла из человеческого жира.]

* * *

**Утверждения о мыле
Часть 2 из 6**

<u>Седьмое утверждение Вебера</u>: «Недавно еврейский историк Вальтер Лакер стал "отрицателем официальной истории", признав в 1980 году в своей книге "The Terrible Secret", что история о мыле из человеческой жизни не имеет реальных оснований».

В устах Вебера это звучит очень драматично, в особенности из-за упоминания им того факта, что Лакер – еврей. Посмотрим, что же в действительности пишет Лакер: «После войны выяснилось, что история [о мыле] не соответствовала действительности».

Итак, Вебер превратил *совершенно невинное* замечание Лакера в *драматичное признание* и «отрицание официальной истории». Лакер всего лишь сказал то, что уже говорилось до него, – что во время войны многие верили в историю о мыле из человеческого жира.

[К.П.: Ну так как, Вебер прав или нет? Немцы делали мыло из человеческого жира или нет? Данный пункт обвинения был включён в приговор Нюрнбергского процесса или нет? История с Катынью, кстати, вообще не упоминается в том приговоре, поскольку все знали, что это дело рук советов.]

<u>Восьмое утверждение Вебера</u>: «Гита Серени, еврейская женщина-историк, в своей книге "Into That Darkness" отметила: "Общепризнанная история о том, что из трупов делали мыло и удобрения, была окончательно опровергнута авторитетным Цен-

тральным ведомством Людвигсбурга по расследованию нацистских преступлений "».

Первая часть этой цитаты – явное преувеличение со стороны Серени: эта история никогда не была «общепризнанной»; Серени нужно было подобрать другое слово.

[К.П.: Ну так как, нацисты делали мыло из людей или нет?]

Самое главное, однако, состоит в том, что Вебер не приводит вторую часть утверждения Серени: «Данное ведомство после кропотливых исследований установило, что был проведён всего лишь один эксперимент, над несколькими трупами из концлагеря. Когда идея была признана непрактичной, от неё, по всей видимости, отказались».

Хоть Серени и не указывает источник этого утверждения, она ясно пишет, что Центральное ведомство Людвигсбурга установило, что из человеческих останков пытались делать мыло, но от этой попытки в итоге *отказались*. Вебер умышленно не приводит вторую половину утверждения Серени, поскольку та *противоречит его тезису*.

<u>Девятое утверждение Вебера</u>: «Инициалы "RIF" на кусках мыла, будто бы означавшие "Чистый еврейский жир" (Reines Jüdisches Fett), на самом деле означали всего лишь "Имперский отдел по снабжению промышленным жиром" (Reichsstelle für Industrielle Fettversorgung); это была организация, ответственная за производство и распределение мыла и моющих средств во время войны. Мыло "RIF" было дешёвым заменителем, не содержавшим жира – ни человеческого, ни какого-либо ещё».

Вебер прав в том, что мыло «RIF» не делалось из человеческих останков. Но что удивительного в том, что люди верили в это в 1942-1945 годы, особенно когда немцы пугали заключённых Освенцима, что из них сделают мыло?

[К.П.: Интересно, кроме Фроста кто-то ещё об этом утверждал? В Освенциме содержались сотни тысяч заключённых. Неужели всех из них пугали этими байками?]

Интересно, однако, то, что Мазур ни разу не упоминает о каких-либо инициалах на мыле, которое, как он утверждал, изготавливалось в Данцигском анатомическом институте.

[К.П.: Конечно нет, это ведь две совершенно разные истории, как верно подметил сам Низкор (см. выше).]

На фотографии мыла, представленного в Нюрнберге в качестве вещественного доказательства СССР-393, никаких инициалов нет. Эта фотография приводится на стр. 201 книги Артура

Бутца (Arthur Butz) «The Hoax of the Twentieth Century», а также на сайте Низкора.

[К.П.: И что с того? Мы что, должны верить в мыло из человеческого жира из-за какой-то несчастной фотографии? Как насчёт научно-технической экспертизы? Это «мыло» уже 50 с лишним лет хранится в Гаагском дворце мира; за это время вполне можно было провести экспертизу.]

Таким образом, мыло «RIF» не имеет ничего общего с Данцигским анатомическим институтом.

[К.П.: Зачем тогда нужно было упоминать об этом мыле в связи с Зигмундом Мазуром?]

Слухи о том, что из тел убитых евреев делают мыло, начали всплывать на Западе ещё в августе *1942* года.

[К.П.: Это называется анахронизмом, если не сказать хуже.]

Все вещественные улики, относящиеся к Данцигскому мылу, датируют 1944 годом: Мазур заявил, что Шпаннер дал ему «рецепт» этого мыла в феврале 1944 года (Нюрнбергский документ СССР-197); рецепт из Данцигского института датирует 15 февраля 1944 года (СССР-196); в показаниях Уильяма Нили утверждается, что котёл для изготовления мыла был установлен в марте-апреле 1944 года (СССР-272), и т.д. и т.п.

Гиммлер был очень недоволен слухами о том, что из тел евреев делают мыло и удобрения, поскольку нацистские планы по уничтожению евреев требовали строгой секретности. 30 ноября 1942 года, после того как раввин Стивен Уайс упомянул о слухах о мыле на пресс-конференции в Нью-Йорке 24 ноября,

[К.П.: Интересно получается: сказанное каким-то раввином в 1942 году автоматически становится явью в 1944-м и «доказанным фактом» в 1945-м, причём в этот «доказанный факт» никто никогда не верил, но если вдруг ревизионисты о нём упоминают, он сразу становится правдой.]

Гиммлер написал Генриху Мюллеру, шефу Гестапо: «В свете широкомасштабной эмиграции еврейского населения не удивительно, что в мире начинают ходить подобные слухи. Нам обоим известно, что в настоящее время среди евреев, используемых на работах, имеет место повышенная смертность. Вы должны гарантировать мне, что тела умерших евреев во всех местах либо сжигаются, либо хоронятся и что абсолютно ничего другого не происходит с этими телами ни в одном из мест. Немедленно проводите расследование каждый раз, когда имеет место использование [тел], подобное перечисленному в пункте 1, которое вероятно, распространяется в мире как ложь. В соответствии с присягой СС требую сообщать мне о каждом случае подобного использования».

Становится ясно, что заявления о мыле «RIF» были всего лишь слухами, даже если многие в своё время верили в них. Однако слухи о мыле «RIF» не имеют ничего общего с заявлениями о возможных экспериментах профессора Шпаннера в Данцигском анатомическом институте. Из письма Гиммлера, однако, следует, что если бы Шпаннер действительно использовал тела евреев для производства мыла (что никогда не утверждалось и не подтверждается никакими документами), то Гиммлер бы об этом знал.

[К.П.: Всё это слишком запутанно; любые комментарии будут здесь излишни. Хотелось бы всё-таки услышать ответ на вопрос: нацисты делали мыло из человеческого жира или нет? Неважно, из кого именно они делали это мыло; важно то, делали ли они его вообще.]

<u>Десятое утверждение Вебера</u>: «Вскоре после войны прокуратура города Фленсбург, Германия, начала судебное расследование в отношении Рудольфа Шпаннера за его предполагаемое участие в изготовлении мыла из человеческого жира в Данцигском институте. Однако после расследования это обвинение было без лишнего шума снято. В письме, датированном январём 1968 года, прокуратура сообщила, что проведённое ею расследование установило, что в Данцигском институте мыло из человеческих тел во время войны не изготавливалось».

Вообще-то немецкие власти проводили расследование в отношении Шпаннера дважды – в Гамбурге (в 1947 г.) и Фленсбурге (в 1947-1948 г.г.). Уголовное дело ни разу возбуждено не было. Значит ли это, что он был полностью невиновен или, может быть, для возбуждения дел не было *достаточного материала*? Нужно ознакомиться со всем досье на Шпаннера из Прокуратуры Фленсбурга, чтобы полностью понять причины, по которым следствие в обоих случаях было прекращено.

[К.П.: Посмотрите, как все немцы считаются виновными, пока не будет доказано обратное, и даже этого не всегда бывает достаточно, что видно на примере израильского процесса Ивана Демьянюка (толпы евреев осаждали его дом, крича, плюя и дуя в бараньи рога). Почему бы не применять подобную логику, когда речь заходит о евреях? Как насчёт дела Бейлиса в царской России? Бейлис был оправдан не потому, что ритуального убийства не было, а потому, что не было установлено, какой именно подсудимый виновен.]

Одиннадцатое утверждение Вебера: «Он [Иегуда Бауэр] имел наглость (хуцпу) обвинить нацистов в авторстве легенды [о мыле из человеческого жира]».

Мы уже приводили слова из нюрнбергских показаний Дугласа Фроста, согласно которым немцы пугали заключённых Освенцима, что из них сделают мыло. На основании показаний Фроста

[К.П.: Интересно, кроме Фроста кто-нибудь ещё давал подобные показания?]

профессор Бауэр сделал вывод о том, что нацисты «использовали [шутки насчёт мыла] как ещё одну форму садизма (на сей раз – словесную) в отношении своих еврейских жертв».

При прочтении статьи Марка Вебера становится понятно, что он намеренно преувеличивает веру в «мыльные» истории среди тех, кого он называет историками-экстерминистами, для того чтобы придать своему опровержению этих историй бо́льшую значимость и больший драматизм.

[К.П.: Ну так как, в эти истории верили или нет? Этот пункт обвинения был включён в приговор Нюрнбергского процесса или нет? Насколько достоверна информация, подтверждающая факт изготовления мыла (показания Мазура, Нила, Уиттона, кусок мыла, рецепт мыла)? Историки верят в эту информацию или нет? Если нет, то почему?]

На самом деле большинство историков *не верит*

[К.П.: Если историки не верят в «мыльные» истории, значит ли это, что подтверждающая их информация недостоверна? Если ответ положителен, то почему в приговоре Нюрнбергского процесса говорится о «попытках» изготовления мыла из человеческого жира? Не дискредитирует ли это Нюрнбергский процесс?]

в то, что из человеческих останков массово производилось мыло (большинство упоминающих об этом мыле – бывшие узники концлагерей, которые сами видели мыло «RIF» или которых пугали, что из них сделают мыло). Неважно, что́ мы знаем сейчас; фактом остаётся то, что во время Второй мировой войны широко ходили *слухи* об изготовлении мыла из человеческого жира (о которых слышал *сам Гиммлер*), поэтому мы вполне можем простить жертв нацистов за то, что они верили в то, что их мучители были способны на такое.

[К.П.: Ту же логику можно с полным правом применить к паровым, вакуумным и электрическим камерам, камерам с негашеной известью, поездам с негашеной известью, газовым камерам и т.д.]

Коннилин Фейг – одна из *немногих* историков, которые утверждают, что нацисты изготавливали мыло из человеческого жира; она делает это в своей работе «Hitler's Death Camps».

[К.П.: А почему другие историки в это не верят?]

В своей статье Вебер сильно преувеличивает веру в «мыльные» истории в попытке создать воображаемую теорию, которую он затем эффектно опровергнет и тем самым вызовет сомнения в справедливости Нюрнбергского процесса и вообще в Холокосте.

[К.П.: Низкоровцы так говорят обо всём, что не стыкуется с их теорией.]

Всё, что не подпадает под его теорию, либо затушёвывается (показания Фроста), либо искажается (цитата из приговора Нюрнбергского процесса), либо пропускается (неполное цитирование Серени).

Вебер также не делает различий между разными историями о мыле из человеческого жира. Он прав, когда утверждает, что мыло «RIF» не изготавливалось из *человеческих останков*. Он прав, когда утверждает об отсутствии «мыльных фабрик», на которых бы массово изготавливалось мыло из *человеческого жира*.

Однако он не даёт внятного ответа на показания Зигмунда Мазура, Уильяма Нили или ещё одного британского военнопленного, Джона Уиттона. Все трое работали в Данцигском анатомическом институте. Вебер просто пишет, что Рудольфа Шпаннера не стали судить после войны. Но неужели тот факт, что немецкая прокуратура не стала возбуждать дело в отношении видного немецкого учёного, доказывает его невиновность?

[К.П.: А почему бы и нет? Большое количество немцев было осуждено при явном нарушении норм правосудия. Взять, например, случай, когда одному немцу дали 10 лет тюрьмы за то, что он дал пощёчину члену экипажа бомбардировщика союзников, который выбросился с парашютом после того, как он и его коллеги заживо сожгли тысячи немецких женщин и детей в ходе ковровых бомбардировок, проводившихся в нарушение норм международного права. Подобное извращение правосудия продолжается до сих пор, через 55 лет после окончания войны (Статья писалась в 2000 году. – *Прим. пер.*).]

***

Утверждения о мыле

Часть 3 из 6
Утверждения Брэдли Смита

Первое утверждение Смита: «Энциклопедия Иудаика (Encyclopedia Judaica, New York City, 1971) содержит фотографию, сделанную на немецкой мыльной фабрике, с заголовком "Немецкая мыльная фабрика у Данцига". Эта фотография сопровождает статью о Польше... Источник фотографии не приводится, но разве кто-то захочет сомневаться в порядочности издателей этой энциклопедии?»

Действительно, порядочность издателей не вызывает сомнений: источники вполне доступны. Вообще-то на этих страницах энциклопедии (vol. 13, pp. 761-762) приводятся две фотографии, сделанные в Данцигском институте. Эти две фотографии были впервые опубликованы (вместе с ещё одной) в: «Zaglada zydostwa polskiego: album zdjec», ed. Gerszon Taffet (Lodz: Centralna Zydowska Komisja Historyczna w Polsce, 1945), p. 96.

В предисловии к этой книге написано: «Фотографии, содержащиеся в этом альбоме, являются всего лишь частью фотодокументов, находящихся в распоряжении Центрального еврейского исторического комитета Польши».

Эти фотографии были также опубликованы в: «Mydlo z ludzkiego tluszczu: alfa i omega niemieckich zbrodni w Polsce», by Stanislaw Strabski (Poznan: Wydawnictwo Zachodniej Agencji Prasowez, 1946). Другие фотографии, сделанные внутри и снаружи Данцигского института, содержатся в: «Polish Monthly Review», no. 1 (Aug. 1945): 22-23; и «Het boek der kampen», by Ludo van Eck (Leuven: Kritak, 1979), pp. 247-252.

[К.П.: И как же это дискредитирует утверждение Смита? Вообще, нужно быть большим леваком, чтобы верить в подобные «доказательства», предоставленные, за одним исключением, социалистической страной в 1945 году. Почему миллионы преданных, образованных коммунистов со всего мира ушли из компартии задолго до 1945 года? Ответ: из-за сталинских чисток, депортаций, показных процессов, голодоморов и других «социалистических достижений» 1930-х годов.]

Второе утверждение Смита: «В Нюрнберге в приговор было включено утверждение о том, что немцы делали мыло из человеческого жира».

Смит прав наполовину. Как уже говорилось выше, при анализе первого утверждения Марка Вебера, в приговоре Нюрнбергского процесса написано: «были сделаны *попытки*».

[К.П.: Были сделаны «попытки», которые, согласно «вещественным доказательствам», были успешными, но в которые никто никогда не верил, за исключением Низкора; при этом Низкор «решает не обсуждать достоверность» этой истории. Интересно, что всё это доказывает?]

Третье и четвёртое утверждения Смита относятся к Иегуде Бауэру.

Третье утверждение Смита: «На памятном собрании по случаю Йом Хашоа – дня, в который евреи отмечают немецкую жестокость – Иегуда Бауэр сказал, что история о мыле из человеческого жира не соответствует истине... Он сказал, что "технические возможности" для получения мыла из трупов убитых евреев во время Второй мировой войны ещё не были известны. Интересно, были ли они разработаны впоследствии?»

Каково же действительное мнение профессора Баэура по поводу мыла из человеческого жира? После того, как ряд газет (включая «Jerusalem Post», 5 мая 1990; «Chicago Tribune», 25 апреля 1990; «Northern California Jewish Bulletin», 27 апреля 1990) процитировал слова Баэура, согласно которым «технические возможности для превращения человеческого жира в мыло в то время не были известны»,

[К.П.: Ну и как же это противоречит утверждению Смита?]

Бауэр пояснил, что он говорил о промышленном производстве мыла из человеческого жира. Впоследствии, в письме к редактору «Jerusalem Post», ... Бауэр написал о Данцигском эксперименте следующее: «Становится ясно, что это был первый и единственный эксперимент и что он находился на испытательных стадиях. Использованные тела, вероятно, принадлежали военнопленным и лицам, использовавшимся на принудительных работах, которые располагались по соседству. Ясно также, что если бы война продолжалась, нацисты вполне могли бы превратить это в ещё одно массовое злодеяние. Промышленного производства не было...»

[К.П.: А было ли вообще какое-либо производство? Те «попытки» были успешными или нет?]

Таким образом, Баэур убеждён, что имел место предварительный эксперимент, выполненный Шпаннером в Данциге.

[К.П.: Баэур верит в существование мыла из человеческого жира или нет? Оно существовало или нет? Если да, то сохранилось ли оно до наших дней? Если нет, то что тогда хранится в сосуде из Гаагского дворца мира? Достоверны ли вещественные доказательства изготовления мыла из человеческого жира? Если да, то почему большинство историков не верит в мыльную историю? Если нет, то почему Низкор не хочет признать, что мыльная история – выдумка?]

Четвёртое утверждение Смита: «Почему Иегуда Баэур решил опровергнуть сказку о мыле из человеческого жира в этом, а не в прошлом или позапрошлом году? Или 10-20 лет назад?»

Как уже упоминалось выше при обсуждении утверждений Марка Вебера, большинство холокостных историков *никогда* не верили в утверждения о массовом производстве мыла из человеческого жира,

[К.П.: И как же это отвечает на поставленный Смитом вопрос?]

особенно если учесть то, как эти утверждения изображали ревизионисты, путающие Данцигский эксперимент со слухами о мыле «R.I.F.»

[К.П.: Данцигский «эксперимент» был успешным или нет? История о Данцигском «эксперименте» – правда или ещё один слух?]

Как отмечает сам Смит, Дебора Липштадт писала редактору «Los Angeles Times» в этой связи. Иегуда Баэур также высказывался по этому вопросу. Рациональное объяснение того, почему историки периодически публично упоминают об этой истории, – то, что общественность продолжает её поднимать. В одном только 1995 году имели место как минимум две попытки продать «мыло из человеческого жира», в Израиле и Польше.

[К.П.: Эта история достоверна или нет? Если это выдумка, но при этом на «мыле из человеческого жира» продолжают неплохо наживаться, то насколько достоверны доказательства существования этого мыла? Вышеуказанные попытки продать мыло были предприняты евреями или кем-то другим? Не потому ли Юлиус Штрейхер назвал евреев «нацией кровопийцев и вымогателей», или он сделал это по какой-то другой причине?]

* * *

**Утверждения о мыле
Часть 4 из 6
Утверждения Карлоса Портера**

Первое утверждение Портера: «В 1946 году считалось "доказанным фактом" то, что нацисты делали мыло из человеческого жира (Приговор Нюрнбергского процесса, IMT I 252; VII 597-600; XIX 506; XXII 496)».

Как мы уже отметили при обсуждении утверждений Вебера и Смита, в приговоре Нюрнбергского процесса говорится, что «были сделаны *попытки*», а не что делалось мыло. Также там ясно говорится: «в ряде случаев», то есть это *не была широкомасштабная программа*.

[К.П.: Если это всё же имело место «в ряде случаев», почему тогда большинство историков вообще не верят в эту историю? Вопрос остаётся открытым: немцы делали мыло из человеческого жира или нет? Мыло, хранящееся в Гаагском дворце мира, настоящее или нет? Показания Мазура достоверны или нет? В них, кстати, не говорится, что «эксперимент» был «неудачным»; как раз наоборот.]

Обратите внимание на то, как Портер пытается представить всё так, будто вещи, доказанные в Нюрнберге, были впоследствии опровергнуты историками. Учитывая, однако (как мы убедились выше), тот факт, что историки отрицают слух о мыле «RIF», а не доказательства, относящиеся к Штуттхофу/Данцигу, вышеприведённое утверждение Портера ничем не подкреплено.

[К.П.: Историки принимают доказательства, относящиеся к Штуттхофу, или нет? Немцы делали мыло из человеческого жира или нет?]

Кроме того, Портер приводит четыре ссылки на стенограмму Нюрнбергского процесса в качестве подкрепления своих слов о «доказанном факте». Он верно указывает, что I-252 – это приговор, но не упоминает о том, что XXII-496 – это тот же самый текст, но просто расположенный в другом месте.

[К.П.: Я порекомендовал прочесть приговор в томе XXII немецкого издания. Что тут такого?]

VII-597-600 – это представление доказательств советской стороной обвинения,

[К.П.: Эти доказательства достоверны или нет? Немаловажный вопрос, особенно если учесть, что ВСЕ доказательства существования мыла из человеческого жира имеют советское происхождение.]

а XIX-506 – обычная ссылка на эти доказательства, приведённая британской стороной обвинения. Вкратце говоря, ни одна из этих цитат не подкрепляет его утверждение.

[К.П.: Опять ложный вывод – вывод, не следующий непосредственно из посылок.]

Второе утверждение Портера: «Там [в Гаагском дворце мира] есть "мыло из человеческого жира", химический анализ которого никогда не проводился, а также "оригинальный способ изготовления мыла из человеческого жира" (документ СССР-196), являющийся фальшивкой. Однако там, по-видимому, нет ни одного оригинального немецкого документа времён войны».

Так как Портер утверждает, что чуть ли не каждый нюрнбергский документ, выставляющий немцев в плохом свете, – фальшивка,

[К.П.: Это не так. Доказывать подлинность документов должна сторона, представляющая их в качестве доказательства; в данном случае – сторона обвинения. Это не я должен доказывать, что все те документы – фальшивка. Вообще, какова ценность «вещественных доказательств», представляемых на «процессе», на котором всерьёз рассматриваются такие вещи, как СССР-197, СССР-470 или R-135? Какова ценность «процесса», на котором уделяется внимание таким «вещественным доказательствам»?]

бесполезно переубеждать его в обратном. Обратите внимание, что он не объясняет, почему этот рецепт [способ изготовления] мыла – фальшивка.

[К.П.: Я так надеялся, что низкоровцы спросят меня об этом. Так надеялся. Что ж, отвечу: рецепт «мыла из человеческого жира» – фальшивка потому, что изготовить мыло подобным образом просто невозможно, и тот, кто составлял этот рецепт, имел очень небольшое представление о мыловарении. Хороший анализ этого документа была дан американским химиком Робертом Френцом (Robert Frenz).]

В показаниях Зигмунда Мазура от 11 июня 1945 года (СССР-197), которые Портер даже

[К.П.: Обратите внимание на слово «даже», как если бы речь шла о чём-то невероятно достоверном.]

включает в Приложение 1 другой своей книги, «Made in Russia: The Holocaust», Мазур подтвердил, что рецепт, находившийся у советского следователя, который впоследствии был приобщён на Нюрнбергском процессе в качестве вещественного доказательства СССР-196, был тем самым рецептом, который он знал по своей работе в Данцигском институте:

«Вопрос: Вам был показан рецепт, напечатанный на бланке Анатомического института. Что вы можете сказать об этом рецепте?

Ответ: Показанный мне рецепт, датированный 15 февраля 1944 года, – это тот самый рецепт, о котором я только что дал показания. Этот рецепт был прикреплён к фанерной доске, висевшей в здании, в котором изготовлялось мыло».

[К.П.: И что с того? Если показания Мазура настолько достоверны, почему историки не верят в историю о мыле из человеческого жира?]

Третье утверждение Портера: «Учитывая, что на всех этих процессах подсудимые или свидетели обвинения крайне редко составляли собственные "заявления" (если составляли вообще), можно часто встретить одинаковые или почти одинаковые предложения или даже целые абзацы в разных документах, будто бы составленных в различные дни различными людьми. Таковыми являются ... документы СССР-264 и 272 (показания о мыле из человеческого жира)».

В устах Портера это звучит очень зловеще, с оттенком заговора. Имеется, однако, вполне рациональное объяснение тому, что документы СССР-264 (письменные показания Джона Уиттона от 3 января 1946 г.) и СССР-272 (письменные показания Уильяма Нили от 7 января 1946 г.) могут содержать схожие фразы и/или термины.

Во-первых, и те, и другие показания были даны британскому отделу генерального судьи-адвоката, а не советам. Но даже несмотря на то, что эти документы были составлены разными членами вышеуказанного отдела, вполне возможно, что оба свидетеля давали свои показания одному и тому же человеку (например, кому-то, кто был знаком с Данцигским институтом и мог задать нужные вопросы), особенно если учесть, что эти свидетели, бывшие военнопленные, дали свои показания с разницей всего лишь в четыре дня по адресу: 6, Spring Gardens, City of Westminster.

[К.П.: Не хочу показаться нескромным, но пока я не опубликовал показания Нили в 1988 году, никто не знал о их существовании, и тут вдруг появляются низкоровцы и ведут себя так, будто они знали о них всё это время. Кто нашёл Уильяма Нили через 30 лет после войны? Я, и это было непросто. Ценность этих показаний будет рассмотрена ниже.]

В книге Портера «Made in Russia: The Holocaust» содержится то, что мы назовём его четвёртым утверждением.

Четвёртое утверждение Портера: «Из двух британских свидетелей изготовления мыла из человеческого жира – подписантов взаимно противоречащих, основанных на слухах показаний, подготовленных при помощи других лиц – Джон Уиттон, по-видимому, эмигрировал, а Уильям Нили живёт в Шотландии. Он отказался говорить о прошлом и, похоже, даже не осознаёт, что эта история может сделать его богатым».

Портер, как обычно, попросту отметает нюрнбергские документы, не предоставляя никаких доказательств в поддержку своих утверждений.

[К.П. Бремя доказательства лежит на стороне обвинения. Объём моей книги был весьма ограничен. ADL не оплачивает мои печатные расходы, телефонные счета, расходы на исследования, жильё и т.д.]

При близком рассмотрении этих двух показаний можно обнаружить всего лишь два «противоречия»:

[К.П.: Противоречий на самом деле намного больше, не менее двадцати. Показания Уиттона и Нили не имеют ничего общего с показаниями Мазура, и в них ни разу не упоминается о Мазуре как о человеке, изготавливавшем мыло, хотя с Мазуром они оба были знакомы.]

1. Количество трупов. Уиттон утверждает, что в день поступало, в среднем, по 7-8 трупов, из которых 5-6 иногда доставлялось в фургоне Красного Креста и 3-4 – в небольшом грузовике. Нили, однако, заявляет, что в день поступало, в среднем, по 2-3 трупа.

2. Длительность приготовления трупов. Уиттон утверждает, что после того, как в трупы вводились жидкости, их «клали в крупные металлические контейнеры и оставляли там примерно на 4 месяца». Нили, однако, заявляет, что трупы «держали, в среднем, по 3-4 недели в крупных баках, после чего брали наверх и использовали для анатомирования».

Как можно объяснить эти кажущиеся противоречия? Возможно, во втором случае имела место опечатка: вместо «месяцы» было напечатано «недели», или наоборот. Впрочем, это маловероятно; логичнее всего будет предположить, что Уиттон был прав, а Нили ошибался.

[К.П.: Как-то это непродуктивно. Ждать четыре месяца ради пары килограммов мыла?! Это всё равно, что ехать в Бразилию за зёрнами для одной чашки кофе.]

В своих показаниях Нили пишет: «Я лично участвовал в переносе трупов в подвал и в укладывании их на столах в комнате для вскрытия, а также в переносе их обратно в конце дня». Возможно, Уиттон гораздо больше участвовал в деятельности Данцигского института, нежели Нили, и поэтому он видел больше трупов, нежели тот. Этим можно также объяснить несоответствие в том, что касается длительности приготовления трупов, поскольку Уиттон знал больше подробностей обо всём процессе, нежели Нили.

В остальном же, за исключением этих двух «противоречий», письменные показания Уиттона и Нили находятся в полном соответствии друг с другом.

[К.П.: Ничего подобного.]

Впрочем, то, что их показания не идентичны, не удивительно, поскольку они были военнопленными более четырёх лет, и это, несомненно, травмировало их.

Было бы как раз подозрительно, если бы их показания полностью совпадали.

[К.П.: Это правда. Стиль показаний Уиттона и Нили почти одинаков, но содержание противоречиво. Почему бы не взять эти показания из Библиотеки конгресса США или Гаагского дворца мира и самому не почитать? Повторяю вопрос: если эти показания настолько достоверны, почему историки не верят в историю о мыле из человеческого жира? Насколько достоверна вся эта «мыльная» история?]

Кстати, интересный момент: в одной книге Портер пишет, что эти два показания содержат слишком много одинаковых фраз, чтобы им можно было доверять, а в другой книге говорит, что они слишком противоречивы.

[К.П.: Более подробный анализ этих документов содержится в моём фильме «Made in Russia», выпущенном Эрнстом Цунделем в 1988 году. В любом случае, объём того фильма был ограничен; лучше всего достать и прочитать сами документы.]

И, наконец, раз оба свидетеля работали в Данцигском институте, их показания не являются слухами.

[К.П.: Слух – это «заявление, данное вне зала суда, имеющее целью доказать истину какого-либо утверждения» («Criminal Law Advocacy», Matthew Bender Publishers, NY). Слух не станет более правдоподобным, если его записать на бумаге.

Все 3 «мыльных» показания – Мазура, Нили и Уиттона – являются письменными слухами. Кроме того, показания Мазура даже не были им подписаны; все его подписи напечатаны на машинке.

Нили и Уиттон подготавливали тела к вскрытию в анатомическом институте (совершенно нормальная, непреступная деятельность) и не имели ничего – повторяю, НИЧЕГО – общего с изготовлением какого-либо мыла. Они заявили, что им СКАЗАЛИ, будто жир, удалявшийся из тел, использовался для изготовления мыла; им также СКАЗАЛИ, будто это мыло было ОТЛИЧНЫМ. Их заявления – СЛУХИ, как ни определяй это слово. И, наконец, если мыло было «отличным», значит «эксперимент» по изготовлению мыла из человеческого жира был «УДАЧНЫМ». Почему тогда историки не верят в существование этого мыла?

Повторяю: история о мыле из человеческого жира основана на 3 взаимно противоречащих показаниях, данных вне зала суда (то есть письменных слухах), и 1 куске «мыла из человеческого жира», предоставленном советской стороной и не проходившем никакой научно-судебной экспертизы. Низкоровцы (Низкор) *не* утверждают, что они верят в достоверность этих «вещественных доказательств» (никто не верит), но при этом ревизионисты всё равно неправы. Нили и Уиттона вполне могли вызвать в суд, но не вызвали, так же как и Мазура, который тогда, возможно, «отдыхал» в Гулаге. Вообще, мы знаем о существовании Мазура только потому, что о нём упоминают Нили и Уиттон. Почему последних двух не вызвали в суд?

Вообще, я очень не доверяю всякого рода «письменным показаниям» и «заявлениям под присягой», особенно если их составляют работники прокуратуры или полицейские. Мне раз пять приходилось подписывать «заявления под присягой». Я был свидетелем, а не подозреваемым; следователи не были враждебны по отношению ко мне и не пытались выбить у меня нужные показания. Тем не менее я обнаружил, что они НИКОГДА НЕ ПИШУТ ТО, ЧТО ВЫ ГОВОРИТЕ. Они всегда пишут что-то совершенно другое на своём нелепом жаргоне, нередко полностью искажая то, что вы говорите, и ВСЕГДА опуская что-то, что вы считаете важным. Они, похоже, искренне полагают, что знают лучше вас то, что́ вы видели и пережили. Обычное самомнение профессионала, который думает, что любитель ничего не может правильно описать.

Закончив записывать ваши «показания», они НИКОГДА ИХ ВАМ НЕ ЗАЧИТЫВАЮТ. Они просто подытоживают их и просят вас их подписать. Они становятся очень недовольны, когда вы просите внимательно прочитать показания. Если вы настаиваете на внесении более чем одного-двух исправлений, они начинают злиться и говорить, что они не могут целый день тут сидеть и всё переписывать. Так что в конце концов вам приходится подписывать показания, даже если это полный бред.

Это очень глупо с их стороны, поскольку они прекрасно понимают, что в суде вы будете всё рассказывать своими словами — точно так же, как вы сначала рассказывали им, — после чего ваши «письменные показания» будут приобщены к доказательствам как «первоначальные противоречащие показания», что будет, в свою очередь, противоречить их цели (если, конечно, предположить, что их цель — установить истину). Все адвокаты знают об этом моменте и максимально его эксплуатируют.

Вот пример вышеописанного. Вы говорите: «Я вышел из своей машины, и ко мне подошёл тот парень с щетиной; у него было немного заросшее лицо». Следователь пишет: «Я вышел из своей машины, и ко мне подошёл бородатый мужчина». Вы говорите, что всё было не так — у него были волосы на лице, но это уж точно была не борода. На это следователь скажет, что вам нужно описывать его либо как бородача, либо как чисто выбритого... это уже ваша третья поправка... я не могу тут весь день сидеть... ну так как? В итоге вы подписываете показания. Позже вы являетесь в суд и заявляете, что у подозреваемого на лице была щетина, но не борода. После этого ваши «письменные показания» приобщаются к доказательствам как «первоначальные противоречащие показания», чтобы показать, что в данный момент вы ошибаетесь. **ВАМ НИКОГДА НЕ БУДЕТ ДАНА ВОЗМОЖНОСТЬ ОБЪЯСНИТЬ, ПОЧЕМУ ВЫ ПОДПИСАЛИ ПОКАЗАНИЯ, В КОТОРЫХ ПОДОЗРЕВАЕМЫЙ ФИГУРИРУЕТ С БОРОДОЙ.** Даже если ваш адвокат будет настаивать на том, что устные показания в суде имеют бóльшую ценность, вы всё равно будете дискредитированы, и суд будет считать вас ненадёжным свидетелем.

В результате всего этого, если вы явитесь в суд для дачи показаний (а это обычная практика для уголовных дел), подозреваемый с «щетиной на лице» может быть оправдан, хотя в действительности он виновен.

Если же вы НЕ явитесь в суд для дачи показаний (что было обычной практикой для судов над «военными преступниками», *не проводившихся в соответствии со стандартными нормами доказательственного права*), то в результате «бородатый мужчина» может быть осуждён за преступление, которое он не совершал.

Трудно представить себе что-то более ненадёжное, чем суд с использованием «письменных показаний», без явки в суд свидетелей, особенно если следователи оказывают на них давление.

Реальность такова: немцев обвинили в изготовлении мыла из человеческого жира; никто в эту историю не верит; вся эта история – ложь. Сколько ещё лжи о немцах было сказано?

Какова ценность «суда», на котором вместо оригиналов документов используются советские «копии», вместо свидетелей – «письменные показания», на котором 312.022 письменных показания, представленные защитой, «опровергаются» 7-8 (!) «письменными показаниями» со стороны обвинения? (При этом защита в Нюрнберге не могла оказывать давление на своих свидетелей, а обвинение могло.)

На моём сайте приводятся показания Мазура, относящиеся к мылу из человеческого жира, – те самые, которые низкоровцы считают столь «компрометирующими».]

* * *

См. также: Карлос Портер, «Невиновные в Нюрнберге» (стр. 146-206 этой книги).

РОБЕРТ ВУЛЬФ И ХУЦПА

О том, как директор Национального архива США подделал надписи к национальной коллекции плакатов, посвящённых холокосту

Обзор коллекции плакатов «Холокост: документальные доказательства»

Документы были собраны, переведены и помещены на плакаты Робертом Вульфом (Robert Wolfe) для коллекции плакатов 1990 года; предисловие были написано Генри Гвиаздой (Henry J. Gwiazda II), ISBN 0-911333-92-4. Брошюра стоит 3,50$, полная коллекция – 50$ (плюс расходы на доставку). Заказать её можно по адресу: National Archives Trust Fund, NEDC, P.O. Box 100793, Atlanta Ga. 30384. (Не забудьте указать в заявке «ITEM # 6059, HOLOCAUST EXHIBIT».)

Брошюру можно приобрести на amazon.com или в других интернет-магазинах за бешеные деньги или же у Национального архива США за 3,50$. Интересно, что языком оригинала указан немецкий. Врут и не краснеют. Данная рецензия была написана для издания 1990 года, которое может незначительно отличаться от издания 1993 года, имеющегося в продаже в настоящий момент.

Не следует недооценивать пропагандистский эффект, на который рассчитывали авторы этой коллекции. В предисловии, написанном Генри Гвиаздой, говорится: «В 1978 году, после показа по телевидению минисериала "Холокост" (еврейская «мыльная опера» с вымышленным сюжетом, в чём признались сами создатели сериала – К.П.), Национальный архив США подготовил выставку под названием **"Холокост: документальные доказательства"**. Роберт Вульф, нынешний помощник директора Центра захваченных немецких и родственных документов, подобрал экспонаты для выставки из захваченных немецких архивов и материалов процессов над военными преступниками Второй мировой войны, хранящихся в Национальном архиве. В 1990 году он переработал этот материал для коллекции плакатов с тем же названием. В годовщину вступления США во Вторую мировую войну Отдел общественных программ Национального архива издал этот материал в виде брошюры» (здесь и далее выделено мной – К.П.).

Утверждается, что плакаты состоят из «21 оригинального документа, включая тексты на немецком языке, расшифровки стенограмм и фотографии... (документы) приводятся вместе с краткими надписями, поясняющими смысл каждого из них... Гибкие плакаты можно легко установить практически везде. По желанию можно вывесить все 17 плакатов или часть из них. Коллекция была создана для того, чтобы позволить школам, библиотекам, историческим обществам и другим группам выбрать материал в зависимости от их аудитории, образовательных целей и бюджета. Плакаты, напечатанные на твёрдой бумаге и упакованные в прочную картонную почтовую трубку, можно установить в сухом виде, матировать или вставить в рамку для выставки».

Спланируйте свою выставку или образовательную программу сейчас – закажите плакаты сегодня!

«В течение 12 лет существования Третьего рейха – начиная с прихода нацистов к власти в Германии 30 января 1933 года и заканчивая безоговорочной капитуляцией ... 8 мая 1945 года – евреи в Германии и в оккупированной нацистами Европе подвергались дискриминации, лишению гражданства и имущества, изгнанию и уничтожению (как и палестинцы – К.П.). Человечество никогда этого не забудет. Каждую весну во всём мире проходят дни памяти (правильней было бы назвать их днями забывчивости – К.П.)» [текст с задней внутренней обложки].

Самое поразительное во всём этом то, что Роберт Вульф явно не знает немецкого. И как таких людей только берут на работу? Одно ясно: в Национальном архиве есть люди, знающие немецкий, но кем бы эти люди ни были, они готовы лгать и лгут (причём нагло), невзирая ни на какие доказательства, стоящие у них прямо перед глазами.

Взглянем, например, на стр. 20, где приводится письмо Рейнхарда Гейдриха Герману Герингу от 11 ноября 1938 года.

ДОКУМЕНТ СОГЛАСНО РОБЕРТУ ВУЛЬФУ: «9 ноября 1938 года во всей Германии вспыхнули антисемитские акты насилия под подстрекательством и попустительством нацистов». Далее идёт частичный перевод: «Во множестве городов имело место разграбление еврейских магазинов и торговых предприятий. [...] Приводимые цифры – 815 уничтоженных магазинов, 29 подожжённых или разрушенных иным способом универмагов, 171 подожжённый или разрушенный жилой дом – дают ... лишь частичную картину подлинных разрушений...» ... Надпись: «Доклад: антиеврейская акция...»

ЧТО НА САМОМ ДЕЛЕ ГОВОРИТСЯ В ДОКУМЕНТЕ:

«Шеф полиции безопасности, II B 4 – 5716/3638 g.
Просим Вас указать вышеприведённые ссылку и дату в Вашем ответе.
Берлин, SW 11, 11 ноября 1938 г.,
Принц-Альбрехт-штрассе, 8.
Телефон: A 2 Flora 0040.
[Печать] СЕКРЕТНО.
[Печать] ЭКСПРЕСС-ПИСЬМО
Министр-президенту генерал-фельдмаршалу Герингу.
Вниманию министерского директора д-ра Грицбаха (Gritzbach),
Берлин W8, Лейпцигер-штрассе 3.

<u>Относительно</u>: акции против евреев.

Отчёты, полученные на данный момент от отделов государственной полиции, дают следующую общую картину на 11.11.1938 г.
Во множестве городов имело место разграбление еврейских магазинов и торговых предприятий. Для недопущения дальнейшего разграбления во всех случаях были приняты строгие меры. При этом было задержано 174 человека. (Es wurde, um weitere Plünderungen zu vermeiden, in allen Fällen scharf durchgegriffen. Wegen Plünderns wurden dabei 174 Personen festgenommen.)
Масштабы разрушения еврейских торговых предприятий и жилых домов пока ещё нельзя выразить в цифрах. В отчётах приводятся следующие цифры: 815 уничтоженных торговых предприятий, 29 подожжённых или разрушенных иным способом универмагов, 171 подожжённый или разрушенный жилой дом, но если речь здесь идёт не о поджогах (soweit es sich nicht um Brandlegungen handelt) (т.е. о преднамеренных поджогах со стороны евреев – К.П.), то это представляет собой лишь часть действительных разрушений. Из-за срочности отчётов последние смогли ограничиться лишь общими утверждениями, такими как "многие" или "большинство торговых предприятий было разрушено". Указанные цифры поэтому следует увеличить в несколько раз. Была подо-

жжена 191 синагога, ещё 76 были полностью снесены. Кроме того, были подожжены 11 общинных центров, кладбищенских часовен и т.п., и ещё 3 были полностью разрушены. Было задержано примерно 20 тысяч евреев, помимо 7 арийцев и 3 иностранцев. 36 человек погибло; сообщается также о тяжёлых травмах. (Все) погибшие и/или травмированные – евреи. Один еврей всё ещё считается пропавшим без вести. Среди погибших евреев имеется один гражданин Польши; 2 гражданина Польши получили травмы. [Подпись от руки] Гейдрих».

КОММЕНТАРИЙ. Тот, кто делал перевод за Вульфа, «забыл» перевести второе и третье предложения из второго абзаца. В документе нет никаких доказательств того, что акты насилия были совершены под подстрекательством и/или попустительством нацистов. Действительно ли евреи сами поджигали своё имущество – предположительно, для того, чтобы получить страховку? Или я что-то не так понял? Впрочем, доказательств этому предположению также нет.

(Примечание. Доказательств этому предположению нет, но оно является вполне разумным, и лично я считаю его верным. Имущество евреев, как известно, было застраховано на очень солидную сумму, ввиду чего Геринг наложил на еврейскую общину крупный штраф, с тем чтобы компенсировать расходы страховых компаний. Как иначе евреи могли получить за своё имущество рыночную цену? Кто станет платить полную рыночную цену за имущество, принадлежащее людям, отчаянно желающим эмигрировать? Евреи из этой ситуации могли извлечь только выгоду, в то время как для национал-социалистов никакой выгоды здесь не было, зато им было что терять. Они это прекрасно осознавали, и именно поэтому грабители и поджигатели, согласно этому документу, были арестованы.)

Стр. 22. Копия телеграммы, доказывающей, что еврейское сообщество, представляемое еврейскими советами, сотрудничало с национал-социалистами в оккупированной Польше 21 сентября 1939 года. Вульф, похоже, считает, что использование слова «Endziel» (конечная цель) указывает на существование плана по уничтожению евреев ещё 21 сентября 1939 года. Это, однако, противоречит его собственному заявлению со стр. 27, согласно которому данный план был составлен лишь на Ванзейской конференции 20 января 1941 года. Документ со стр. 22 представляет собой заретушированный машинописный экземпляр телеграммы, полученный через копировальную бумагу, без фирменного бланка, печати и подписи; при этом в нём ни разу не упоминается об уничтожении. Его даже не стоит переводить.

Стр. 25. Документ 1553-PS, счёт за поставку Циклона-Б.
ДОКУМЕНТ СОГЛАСНО РОБЕРТУ ВУЛЬФУ: «В данном счёте Немецкого общества по борьбе с вредителями (Deutsche Gesellschaft für Schädlingsbekämpfung, ДЕГЕШ) фиксируется поставка 390 банок Циклона-Б с целью использования для "дезинфекции и уничтожения"» и т.д. и т.п.

ЧТО НА САМОМ ДЕЛЕ ГОВОРИТСЯ В ДОКУМЕНТЕ:

«[Фирменный бланк ДЕГЕШ]
Оберштурмфюреру Курту Герштейну,
(1) Берлин,
Лейпцигерштрассе, 31/32.

СЧЁТ № (пустое место! – К.П.)
Франкфурт-на-Майне, 31 мая 1944 г.

31 мая нами из Дессау был отправлен в сопровождении транспортной накладной Вермахта от администрации армейского гарнизона Дессау в концентрационный лагерь Освенцим, Отдел дезинфекции и предотвращения эпидемий, станция Освенцим, следующий груз малой скорости:
Циклон-Б, синильная кислота без раздражителя
DGS 50185/97 = 13 ящиков, содержащих по 30 банок = 390 банок x 500 г (вес 1 банки) = 195 кг x 5 PM (цена за 1 кг) = 975 PM.
Брутто: 832,00 кг,
Тара: 276,25 -//-
Нетто: 555,75 -//-.
На этикетках имеется надпись «Осторожно: без раздражителя».

КОММЕНТАРИЙ. Слова «уничтожение» в документе нет. Там говорится об «Отделе дезинфекции и предотвращения эпидемий» (Abteilung Entwesung und Seuchenabwehr).

(Примечание. Из-за того, что слово «Seuchenabwehr» составное, Вульф может безнаказанно лгать, так как если вы заглянете в словарь, этого слова там не будет. Вам придётся найти сначала слово «Seuche» (эпидемия, без «n»), затем – «Abwehr» (защита), после чего соединить эти слова; при этом, по-видимому, необходимо иметь кое-какое представление о немецкой грамматике.)

Стр. 24. Письмо епископа Лимубргского Хильфриха (Hilfrich) от 13 августа 1941 года, в котором тот протестует против программы эвтаназии.

ДОКУМЕНТ СОГЛАСНО РОБЕРТУ ВУЛЬФУ: «Епископ Хильфрух пожаловался, что даже дети за игрой со знанием дела говорят о дымящем (!) дымоходе и тошнотворном запахе, а также что были получены невероятные (!) свидетельства о смерти».

ЧТО НА САМОМ ДЕЛЕ ГОВОРИТСЯ В ДОКУМЕНТЕ:

«Епископ Лимбургский, Лимбург/Лан, 13 августа 1941 г.
Рейхсминистру юстиции (адрес не указан)
[Печать о получении] Рейхсминистерство юстиции, 16 августа 1941 г.

В отношении меморандума, поданного председателем Совета епископов Фульдау, кардиналом д-ром Бертрамом («m» перечёркнуто, много неразборчивых пометок от руки – К.П.) (подпараграф IV, стр. 6/7), считаю своим долгом привести следующий конкретный пример уничтожения так называемых «бесполезных жизней».

Примерно в 8 км от городка Хадамар, на холме сразу же над городом, здание, служившее ранее для различных целей, в последнее время – в качестве поликлиники и санатория, было преобразовано или переоборудовано под место, в котором, по всеобщему убеждению (nach allegemeiner Überzeugung), вот уже несколько месяцев, примерно с февраля 1941 года, сознательно проводится вышеупомянутая программа эвтаназии. Этот факт известен за пределами правительственного округа Висбаден, поскольку свидетельства о смерти были отправлены в данные места проживания из отдела ЗАГСа в Хадамар-Мёнхсберге. (Здание называется Мёнхсбергом, поскольку до отделения церкви от государства в 1803 году оно было францисканской часовней.)

Несколько раз в неделю в Хадамар прибывают автобусы, перевозящие огромное количество подобных жертв. Местные школьники знакомы с этими автомобилями и говорят: "Вот едут машины для убийства!" После прибытия этих автомобилей граждане Хадамара видят, как из дымохода поднимается дым, и их постоянно мучают мысли о несчастных жертвах, особенно когда ветер доносит до них отвратительный запах» [только первая страница].

КОММЕНТАРИЙ. В документе нет слова «невероятные». Эвтаназия практиковалась совершенно открыто и была прекращена после протестов, подобных этому. Кроме того, печи крематориев не дымят и не издают запаха. Документ покрыт надписями, сделанными от руки, которые я не смог разобрать. Такое впечатление, что это – черновой набросок, однако на нём стоит печать о получении. В письме предлагается новая форма судопроизводства, очень быстрая и удобная: если вы хотите знать, виновен ли тот или иной человек в убийстве, просто спросите об этом у местных школьников! На письмо должны были дать ответ. Где же он?

Стр. 24. Письмо Гитлера от 1 сентября 1939 года, в котором он уполномочивает эвтаназию.
ДОКУМЕНТ СОГЛАСНО РОБЕРТУ ВУЛЬФУ: «... Приказ Гитлера, разрешающий определённым врачам убивать людей, считающихся безнадёжно больными...» Подразумевается, что нацисты сами объявляли людей безнадёжно больными, после чего убивали их.

ЧТО НА САМОМ ДЕЛЕ ГОВОРИТСЯ В ДОКУМЕНТЕ: «АДОЛЬФ ГИТЛЕР. 1 сентября 1939 г. Рейхсляйтер Боулер (Bouhler) и д-р Брандт (Brandt) наделяются ответственностью за расширение полномочий определённых докторов (будут указаны по имени) с тем, чтобы лицам, считающимся безнадёжно больными согласно стандартам человеческой оценки, могла быть предоставлена милосердная смерть при условии строжайшей оценки их состояния».
КОММЕНТАРИЙ. Согласно недавней радиопередаче, в Голландии эвтаназии подвергается 40% всех безнадёжно больных. В этом, разумеется, нет ничего плохого – голландцы ведь «антифашисты».

Стр. 26. Документ о «душегубках» 501-PS, письмо о «душегубках» от 16 мая 1942 года, будто бы отправленное унтерштурмфюрером СС Беккером (Becker) оберштурмбанфюреру СС Рауффу (Rauff).
ДОКУМЕНТ СОГЛАСНО РОБЕРТУ ВУЛЬФУ: «... В отчёте говорится: "Я замаскировал вагоны под жилые автоприцепы, нарисовав... окна, похожие на те, что можно часто видеть на крестьянских домах в деревне"».

ЧТО НА САМОМ ДЕЛЕ ГОВОРИТСЯ В ДОКУМЕНТЕ:

«Полевая почта 32 704.
Киев, 16.5.1942 г.
[Печать] Секретные дела Рейха (Geheime Reichssacher).
Кому: Оберштурмбанфюреру СС Рауффу.
Куда: Берлин, Принц-Альбрехт-Штр., 8.

Ремонт автомобилей в группах D и C закончен. В то время как автомобили первой серии можно использовать даже в не очень плохих погодных условиях, автомобили второй серии (Зауер) полностью вязнут в дождливую погоду. Например, даже если дождь идёт всего полчаса, автомобиль уже нельзя использовать из-за того, что он начинает попросту буксовать. Он годен к эксплуатации только в полностью сухую погоду. Встаёт вопрос о том, можно ли использовать автомобили на месте казни только на холостом ходу. Сначала автомобиль нужно доставить до этого места, что возможно только в хороших погодных условиях. Место казни, однако, находится, как правило, в 10-15 км от путей сообщения, и из-за его расположения до него можно добраться с большим трудом, а в сырую или дождливую погоду до него вообще нельзя добраться. Если казнимых везут или ведут к месту казни, они сразу понимают, что происходит, и начинают беспокоиться, чего по мере возможности нужно избегать. Существует только один альтернативный способ: забирать их у мест сбора и затем увозить.

Я замаскировал автомобили группы D под жилые вагоны, приделав к каждой стороне малого автомобиля по одному окну (документ 501-PS), а к каждой стороне большого автомобиля — по два окна, из тех, что можно часто видеть на крестьянских домах в деревне. Эти автомобили стали настолько известны, что не только власти, но и гражданское население называет их «душегубками», как только эти машины появляются. На мой взгляд, даже маскировка не поможет это долго скрывать.

У автомобилей Зауер, которые я перевёз из Симферополя в Таганрог, были по дороге повреждены тормоза. В S.K. в Мариуполе было установлено, что манжета комбинированной тормозной системы с гидравлическим и пневматическим приводами была сломана в нескольких местах. После уговоров и дачи взяток в Н.К.Р. была обточена форма, позволившая отлить две манжеты. Когда я...» [конец стр. 1]

КОММЕНТАРИЙ. Слова «рисовать» в документе нет. Там используется глагол «anbringen» – «приделывать, прикреплять». Я всегда удивлялся, как в автомобилях подобного рода решалась проблема с ростом давления. Теперь всё понятно: жертвы газации или чрезмерное давление, образовывавшееся во время газации, попросту разбивало окна, и чрезмерного давления как не бывало! Похоже, что идея с окнами на «душегубке» была слишком нелепой даже для Роберта Вульфа (точнее, для того, кто делал за него перевод), так что в английском переводе слово «приделав» было заменено на «нарисовав»! Таким образом, несчастных жертв удавалось обманывать с помощью удачной художественной выдумки; аналогичный приём, должно быть, делал невидимой кабину автомобиля, подобно половине дома из дневника Анны Франк, исчезавшей за книжной полкой.

Это, без преувеличения, один из самых идиотских документов за всю человеческую историю. К 16 мая 1942 года высокомеханизированная и высокомобильная немецкая армия провела в СССР 11 месяцев, в том числе целую зиму, однако достаточно было дождику полчаса полить, как их чертовски хитроумные «душегубки» застревали в грязи!

Интересно, что документ этот подписан всего лишь унтерштурмфюрером. Учитывая, что были захвачены тысячи немецких документов, хотелось бы увидеть хоть что-то, подписанное хотя бы оберштурмбанфюрером.

Данный документ – единственное доказательство существования «душегубок». Однако ничто в мире, как известно, не происходит в пустоте, и ничего нельзя достичь с помощью одного-единственного документа. Например, если завтра какой-нибудь оккупационной армии нужно будет найти документальное доказательство того, что я работал в Бельгии переводчиком, то она найдёт не один, а десятки тысяч документов, подтверждающих это: бланки заказов, накладные, платёжные документы, банковские балансы, векселя, квитанции, жалобы, поправки, договоры о ссуде, напоминания, письма адвокатов, решения суда, угрозы наложения ареста на имущество должников, налоговые и бухгалтерские документы, документы социального страхования, дебеты, кредиты, вычеты, расчёты с поставщиками, договоры о приобретении, доставке и ремонте оборудования, подтверждения получения заказных писем, расписки в получении текстов, документальных материалов и грузов, причём всё это – в двух или трёх экземплярах и не только в Бельгии, но и в других странах.

За десять лет я породил, должно быть, не менее 40 тысяч документов, три четверти из которых я никогда не видел, если не считать самих переводов. И при этом мы должны верить, что немцы убили миллионы людей в «газовых камерах» и «душегубках», на основании жалкой горстки документов, являющихся, как правило, копиями, подписанными, если повезёт, каким-то подчинённым! В брошюре и коллекции плакатов Вульфа <u>нет ни одного документа, имеющего отношения к газовым камерам или, на худой конец, к печам крематориев, – ни одного</u>.

Стр. 27. Документ о Ванзейской конференции от 20 января 1942 года.

ДОКУМЕНТ СОГЛАСНО РОБЕРТУ ВУЛЬФУ: «На межведомственном собрании под председательством Ренйхарда Гейдриха служащие нескольких нацистских правительственных органов, а также представители СС и полиции придали форму "окончательному решению еврейского вопроса", выполнение которое шло полным ходом (!) ещё с немецкого вторжения в Советский Союз в конце июня 1941 года...»

ЧТО НА САМОМ ДЕЛЕ ГОВОРИТСЯ В ДОКУМЕНТЕ. На стр. 2 документа ясно написано: «подготовка к окончательному решению». Это говорит о том, что Вульф совершенно не понимает по-немецки. В документе ничего не говорится об уничтожении. Это копия с руническим «СС», набранным на пишущей машинке (существуют, по меньшей мере, две различные версии этого документа).

Стр. 28. Книги смертности Маутхаузена. Привести в надписи причину смерти в кавычках («ангина», «сердечный приступ», «почечная недостаточность») не значит доказать, что этих людей убили. В Нюрнберге предстали два свидетеля из Маутхаузена. Первый свидетель, Лампе (Lampe), описывал всевозможные злодеяния, но при этом ни о каких газовых камерах не упоминал (IMT VI 206-217, немецкое издание), зато второй, Буа (Boix), выступивший чуть позже, несколько раз упомянул о газовых камерах, во множественном числе (IMT VI 300, 307, немецкое издание). Никто не заметил этого противоречия; никто не спросил у Буа, где находились эти камеры, сколько их было и как они работали. Газовые камеры – это как рай: вы должны в них верить, но не должны спрашивать, где они находятся. Они работают чудесным образом, попирая все физические законы. Воистину, голохвост – восьмое чудо света!

На стр. 29 Вульф пишет о «комиссарском приказе, который, вероятно, был устным». На самом деле приказ этот был письменным (см. документы PS-2542, PS-3718, СССР-151, С-50, СССР-351, OKW(A) 301-376, OKW(A) 301(d) и т.д.). Однако он так никогда и не был проведён в жизнь, что признал даже генерал Паулюс, выступая на Нюрнбергском процессе в качестве свидетеля обвинения от СССР (IMT VII 330, немецкое издание; Паулюс был доставлен в Нюрнберг прямиком из советского лагеря для военнопленных), так же как и множество других свидетелей.

На стр. 30 приводится отчёт айнзатцгрупп. То, что эти отчёты – фальшивка, ясно хотя бы из того, что, согласно им, Катынь – это немецкое преступление (NMT IV 112, айнзатцгруппы, «зелёная серия»). Вульф продолжает игнорировать исследования Джона Болла, посвящённые Бабьему Яру, так же как и исследования того же Болла, посвящённые Освенциму.

Стр. 31. Письмо д-ра Зигмунда Рашера (Sigmund Rascher) рейхсфюреру СС Генриху Гиммлеру от 5 апреля 1942 года с отчётом и фотографией испытуемого, умершего во время медицинского эксперимента.

ДОКУМЕНТ СОГЛАСНО РОБЕРТУ ВУЛЬФУ: «... Испытуемый умер. Гиммлер сделал пометку зелёным карандашом: "sehr interessant" (очень интересно)».

ЧТО НА САМОМ ДЕЛЕ ГОВОРИТСЯ В ДОКУМЕНТЕ:

Д-р Зигмунд Рашер,
Мюнхен, 5 апреля 1942 г.

Рейхсфюрер, прилагаю к письму промежуточный отчёт об экспериментах с камерой с пониженным давлением, проведённых на данный момент в концентрационном лагере Дахау. Покорнейше прошу держать данный отчёт в тайне. Рейхсдоктор СС профессор Гравиц (Gravitz) несколько дней назад произвёл осмотр условий для опытов. Из-за того, что сроки поджимали, мы не смогли провести для него показательный эксперимент. Оберштурмбанфюрер СС Зиферс (Sievers) выкроил из своего времени один день на то, чтобы изучить наиболее интересные стандартные эксперименты, и скоро он, вероятно, составит о них отчёт. Полагаю, что Вы найдёте эти эксперименты необычайно интересными! Нельзя ли провести для Вас несколько показательных экспериментов во время одного из Ваших визитов в южную Германию? Если результаты опытов, полученные на данный момент, будут в дальнейшем подтверждены, то они приведут к совершенно новым научным открытиям и вместе с тем – к абсолютно новым концепциям в авиации. В свете усилий, прилагаемых д-ром Зиферсом, надеюсь, что ВВС не будут впредь чинить мне препятствий. Я крайне признателен оберштурмбанфюреру Зиферсу за проявленный им огромный интерес к моей работе. Хочу от всей души поблагодарить Вас за реализацию моего предложения по проведению в концентрационном лагере экспериментов подобного рода.

С пожеланиями благополучия.
Искренне Ваш.
Хайль Гитлер!
[От руки] С благодарностью, д-р Рашер.

[Стр. 2]
Первый промежуточный отчёт об эксперименте с пониженным давлением в концентрационном лагере Дахау.

Целью было установить, согласуются ли теоретически подсчитанные значения для времени выживания в атмосфере с низким содержанием кислорода и низким давлением с результатами, полученными в практических экспериментах. Утверждалось, что лётчик, выбрасывающийся с парашютом на высоте 12 километров, получает крайне серьёзные повреждения и, возможно, даже погибает от недостатка кислорода. Практические эксперименты на данную тему всегда прерывались через 53 секунды из-за возникновения – как в прошлом, так и в настоящем – крайне серьёзной высотной болезни.

2. Эксперименты, связанные со временем выживания для человека, находящегося выше нормального дыхательного порога (4,5-6 км), никогда не проводились, так как считалось, что они приведут к неминуемой смерти испытуемого. Эксперименты, проведённые мной и д-ром Ромбергом (Romberg), показали, что во время испытательных прыжков с парашютом с высоты в 12 или 13 километров смерть в результате недостатка кислорода или низкого атмосферного давления не наступала. Было проведено в общей сложности 15 экспериментов подобного рода в экстремальных условиях, во время которых никто из испытуемых не умер. Отмечалась крайне тяжелая высотная болезнь, сопровождавшаяся потерей сознания, однако по достижении высоты примерно в 7 кило-

метров работоспособность полностью восстанавливалась. Делаемые электрокардиограммы, разумеется, выявляли некоторые отклонения во время эксперимента, но кривые быстро возвращались к нормальным значениям к концу эксперимента; в течение последующих дней электрокардиограммы не показывали абсолютно никаких патологических изменений. Степень телесного истощения, могущего возникнуть при неоднократно повторяемых экспериментах, станет ясна только по завершении серии экспериментов. На специально назначенных испытуемых были проведены экстремальные, смертельные эксперименты, так как в противном случае данный тип контроля (чрезвычайно важный на практике) был бы невозможен» [конец стр. 2]. [...]

КОММЕНТАРИЙ. Я никогда не понимал обвинений, выдвинутых против доктора Рашера, и понятия не имею о том, сколько правды или лжи в них содержится (не считая нелепых «экспериментов с теплом тела», в которые я не верю), поэтому я не стану их обсуждать. Как бы то ни было, из документа, судя по всему, следует, что умирала лишь малая часть испытуемых. Медицинские эксперименты, приводившие к смерти, проводили все государства, в том числе США; американцы делали это даже во время Нюрнбергского процесса. Разница состоит лишь в том, что немцы использовали преступников из концлагерей, а американцы – иностранных рабочих, которые попросту не понимали письменных согласий, подписываемых ими за пару долларов. Рашер впоследствии был расстрелян СС. Интересно, скольким немецким лётчикам действительно приходилось выбрасываться с парашютом на высоте 12 километров? Не проще ли было оснастить лётчиков, летавших на больших высотах, дыхательными аппаратами, которые они, вероятно, носили в любом случае?

Стр. 32. Читаем: «Грубое подавление еврейского восстания в варшавском гетто». Я, конечно, извиняюсь, но холокост для меня – это убийство миллионов человек газом в газовых камерах и душегубках, расстрел миллионов людей или убийство их посредством голода, всевозможных садистских пыток и т.д. и т.п. Повешение или расстрел нескольких человек или отправка их в концлагеря – это ещё не холокост. ТАК ЧТО КАКИМ ОБРАЗОМ ФОТОГРАФИИ ВАРШАВСКОГО ГЕТТО ДОКАЗЫВАЮТ ХОЛОКОСТ? Не думаю, что американцы стали бы мириться в 1943 году с крупномасштабным вооружённым восстанием американских японцев у Камышового озера (Tule Lake) или в другом американском концлагере.

Стр. 33. Аэрофотоснимки Освенцима с произвольными пометками и/или поправками и полным игнорированием исследований Джона Болла.

Стр. 34. «Статистический отчёт: окончательное решение еврейского вопроса в Европе», составленный д-ром Рихардом Корхерром (Richard Korherr), стр. 9 и 16.

ДОКУМЕНТ СОГЛАСНО РОБЕРТУ ВУЛЬФУ: «На последней странице отчёта, изображённой здесь, говорится, в частности: "В общей сложности европейское еврейство начиная с 1933 года... скоро лишится половины своей численности (substance)" посредством убийств *и* иммиграции (!)». (Слово «и», по загадочной причине, написано у Вульфа курсивом.)

ЧТО НА САМОМ ДЕЛЕ ГОВОРИТСЯ В ДОКУМЕНТЕ. Со стр. 16 приводятся только два предложения: «Масштабы перемещения еврейского населения из европейских стран за пределами немецкой сферы влияния, по большей части, неизвестны. В целом европейское еврейство скоро лишится половины своей эффективной численности начиная с 1933 года, то есть в первое десятилетие демонстрации немецкой национал-социалистической силы».

КОММЕНТАРИЙ. Неужели Роберт Вульф настолько безграмотен, что не может отличить иммиграцию от эмиграции? Как таких людей только берут на работу? Каждый волен толковать этот документ как хочет, но об убийствах там нет ни слова. Более того, слова «эвакуация» и «эмиграция» (включая различные глагольные формы) встречаются 15 раз!

Стр. 35. Две страницы из «секретной речи» Гиммлера. Удивительно, но слово «Ausrottung» переведено здесь правильно (на мой взгляд) – как «искоренение» (extirpation), а не «истребление» (extermination). Это правильно потому, что слово «искоренение» можно употреблять образно или буквально, в то время как «истребление» – более-менее буквально. Например, влияние или идею можно искоренить (extirpate), но нельзя истребить (exterminate). В немецком языке слово «Ausrottung» можно употреблять и в том, и в другом случае, а в речи Гиммлера оно используется образно. Цитата из правого столба текста Вульфа не совпадает с вышеприведённым текстом речи – ещё одно свидетельство того, что Вольф попросту не знает немецкого языка. Стоит отметить, что в коллекции 21 документ, но только 17 плакатов, то есть на один документ приходится, в среднем, меньше чем одна страница. Речь занимает 116 страниц, на ней нет никаких подписей, печатей, пометок от руки и ни одной «эсцеты» (ß) – стандартной буквы немецкого алфавита.

Стр. 36. Фотографии всякого сброда, «пережившего холокост»: американского конгрессмена с жёнушкой, венгерской актрисы, участника создания атомной бомбы, психически нездорового писателя в компании с ящероподобным бизнесменом и т.д. Это что, Микеланджело, Леонардо, Бах, Данте, Моцарт, Дюрер, Шекспир еврейского народа? Если это лучшие представители евреев, то я им искренне сочувствую (см. стр. 96 этой книги).

Что касается уже упоминавшегося Генри Гвиазды (похоже, это африканец, озабоченный «ужасами» «расизма» вообще и «белого расизма» в частности), то он в своём невежестве и идиотизме заходит настолько далеко, что уделяет целых 5 сантиметров введения (на стр. 7) цитате из документа L-3 – грубой фальшивки, которая так и не была принята в качестве доказательства на Нюрнбергском процессе, но 250 экземпляров которой всё же были вручены журналистам как подлинные документы (IMT II 286-293). Почему бы не поместить этот документ на плакат, чтобы все могли видеть красующуюся на нём печать лаборатории ФБР? А как насчёт коллекции плакатов с африканскими, сионистскими или «демократическими» злодеяниями?

Стр. 6: «Голые цифры наводят на мысль об одной из причин, по которым нацисты создали (изобрели) крематорий, чтобы избавляться от своих жертв»
КОММЕНТАРИЙ. Крематории были изобретены англичанами в конце 1880-х годов. Одна из первых современных кремаций была произведена на трупе лошади; при этом никакого запаха – «тошнотворного» или не очень – отмечено не было.

Стр. 7: «...Частью этой программы в психиатрических больницах было создание (изобретение) газовой камеры и крематория».
КОММЕНТАРИЙ: Газовые камеры, как известно, были изобретены американцами в начале 1920-х годов.

Стр. 15: «В лагере Нордхаузен рабы производили Фау-бомбы. При приближении войск союзников охранники во многих таких лагерях убивали заключённых. 1-я армия США освободила Нордхаузен в апреле 1945 года и приказала немецким жителям закопать погибших» (см. стр. 97 этой книги).

КОММЕНТАРИЙ: Ещё одна фотография со лживой надписью. Всё вокруг было разбомблено американцами, но заключённые на заднем плане были убиты, конечно же, немцами. А как насчёт доказательств? Или я требую слишком многого?

(Дополнение от 20 августа 2004 г. Город Нордхаузен был разбомблен американской авиацией 4 апреля 1945 года. При этом по ошибке был задет жилой корпус местного концлагеря, в результате чего погибли тысячи заключённых. Именно эти погибшие заключённые изображены на фотографии. Не думаю, чтобы какой-либо серьёзный историк оспаривал это факт. Один французский преподаватель, Жан-Луи Бергер, был уволен и оштрафован на 30 тысяч долларов за то, что он указал на этот элементарный факт. В итоге Бергер подал апелляцию и выиграл дело, но только на основании технических деталей.)

Итак, мы вернулись туда, откуда пришли. Если у Роберта Вульфа и Национального архива США действительно есть какие-либо доказательства холокоста, пускай они их обнародуют, а мы на них с удовольствием посмотрим.

Belzec, and Treblinka (pp. 27 and 35). More than 1.3 million died in open-air shootings, and hundreds of thousands perished from deliberate privation such as starvation. At least 1 million Slavs are estimated to have died in the death camps, but most of the 9 million to 10 million killed were shot or hanged in thousands of mass and individual executions or were deliberately starved or worked to death (pp. 30 and 31). The total deaths in the Nazis' *racial* war are estimated at 14 million to 16 million, or possibly 1 in 2 deaths of the 30 million Europeans estimated to have died during World War II.[26]

ПИСЬМО ОТ ОДНОЙ ЕВРЕЙКИ

(с комментариями Карлоса Портера)

Уважаемый г-н Портер!
Будучи христианкой еврейского происхождения и ярой противницей абортов, я не могла удержаться от комментариев по поводу Вашего сайта. Прежде всего, я согласна с Вами, что многие западные «демократии», включая США, стали точным зеркальным отображением нацистского общества, которое еврейский народ справедливо осудил.

[Карлос Портер: Вообще-то я сказал следующее: «...По какому-то мистическому стечению обстоятельств, наши еврейские "демократии" стали точным зеркальным отображением нацистского общества (в основном воображаемого), которое они якобы так сильно ненавидят. Если нацистское общество – это общество, помешанное на расе, в котором:

а) все решения общественной, государственной и культурной жизни диктуются некой безумной расистской теорией;

б) регулярно практикуется геноцид, с миллионами невинных жертв, в атмосфере полного общественного безразличия;

в) врачами-шарлатанами регулярно проводятся невероятно жестокие и аморальные медицинские эксперименты с целью удовлетворения неких коммерческих интересов;

г) тела убитых перерабатываются, перепродаются и используются в коммерческих целях;

д) прав тот, у кого сила; человеческая жизнь не имеет никакой ценности;

е) по чьей-то прихоти, без объявления войны начинаются бесчеловечные и жестокие захватнические войны;

ж) государство постоянно шпионит за своими гражданами;

з) инакомыслие жестоко подавляется, книги сжигаются, простых люди преследуют и бросают в тюрьмы за выражение личного мнения;

и) средства массовой информации жёстко контролируются и подвергаются цензуре, являясь обычным орудием идеологической пропаганды;

к) образовательная система служит для промывки мозгов;

л) тысячелетние культурные достижения и религиозные традиции постоянно извращаются, разрушаются и высмеиваются;

м) причинение страданий является формой развлечения;

н) страной руководит горстка психов, извращенцев и преступников,

то тогда наши «демократии», контролируемые евреями, являются самыми «нацистскими» обществами за всю историю человечества».

Вообще-то мне нужно было сказать: «ОБРАТНЫМ зеркальным отображением». США становятся тоталитарным, но вовсе не национал-социалистическим государством. США – отражение американской же пропаганды. Соединённые Штаты Фарисейства делают всё, в чём они обвиняли нацистов, но это не значит, что нацисты действительно делали всё это. См. ниже мой комментарий по поводу «человеческого мыла».]

Впрочем, поскольку мой отец рос в Берлине, когда Гитлер был у власти, я не могу согласиться с тем, что нацистское общество было «в основном воображаемым». Могу Вас заверить, что это не так.

[К.П.: Германия 1930-х годов была открытым обществом и очень притягательным местом для туристов. Миллионы немцев, включая заводских рабочих, путешествовали за границу, а сама Германия была переполнена миллионами иностранных туристов. Впечатления туристов зафиксированы на бумаге; см.: Phillip Gibbs, «Ordeal in England», стр. 110-128, 165-199, или выпуск «National Geographic» за февраль 1937 года. Миллионы иностранцев посетили Олимпийские игры 1936 года в Берлине. Весь мир завидовал нацистским достижениям. Многие уважаемые немцы составили крайне положительные исследования этого периода; см.: Helmut Schröcke, «Kriegsursachen-Kriegsschuld», Verlag für Ganzheitliche Forschung, D-25884 Viol, Nordfriesland, Postfach 1; см. также: «Verheimliche Dokumente, Was den Deutschen verschwiegen wird» (под ред. Erich Kern), FZ-Verlag, Paosostrasse, 2, D-8000 München 60.

Те, кому не нравилась нацистская политика, могли свободно эмигрировать («Germany – Love It or Leave It» [?]). Сионистов поощряли эмигрировать в Палестину; им можно было класть свои сбережения на правительственный депозит и брать кредиты на покупку произведённого в Германии оборудования. См.: Edwin Black, «The Transfer Agreement». Нацисты каждый год проводили тайный референдум по вопросам своей политики, на котором они всегда получали более 90% голосов (в 1935 году на профинансированном союзниками референдуме по определению статуса Саарской области за Германию было отдано 95% голосов). Меры, против которых резко выступали общественность и церковь (такие, как эвтаназия), отменялись.

В 1939 году в мире имелось 50 тысяч беженцев из Германии – это из почти 65-миллионного населения. Для сравнения: через 3 года после создания «Ирландского свободного государства» число ирландских беженцев составляло 100 тысяч человек – из 3-миллионного населения. Возможно, эти цифры неверны; не знаю. В любом случае, в ряды сторонников Гитлера благодаря успеху его программ перешли миллионы бывших коммунистов и безработных. Единственное значительное сопротивление имело место со стороны столь же крикливого, сколь и немногочисленного церковного меньшинства, а также (в виде предательства) со стороны снобов-аристократов из числа офицеров; последние почти наверняка внесли свою лепту в развязывание войны, а впоследствии – и в поражение Германии (это справедливо для доброй половины генералов с Восточного фронта).

Мой дед рассказывал, как в начале 1930-х годов он пригласил на обед двоих молодых немцев, один из которых был за Гитлера, а другой – против. Между ними завязался спор. Тот, кто был против Гитлера, крайне разозлился и ударил кулаком по столу, выкрикнув: «Гитлер НИКОГДА не будет канцлером Германии, потому что ОН – НЕ ДЖЕНТЛЬМЕН!» Через несколько лет от этого самого противника Гитлера пришло письмо, в котором он превозносил Гитлера до небес. Мои родные решили, что он боялся, что его переписку читают, и, не желая неприятностей, не стал писать правду. Вполне возможно, однако, что он действительно был искренне воодушевлён успехом гитлеровских программ. Именно так обстояло дело с миллионами немцев. Об этом варианте мой дед не подумал. Он не стал отвечать на письмо; больше он о том немце ничего не слышал. (Его, конечно же, убили в газовой камере – сто процентов...)]

Отец рассказывал мне о том, как сжигали книги,

[К.П. Насколько я понимаю, сжигание книг нацистами было чисто символичным актом: публично сжигалось ПО ОДНОМУ экземпляру каждой из нескольких сотен книг. Многие из этих книг по-прежнему продавались в книжных магазинах, хотя на витринах их, конечно, не выставляли. Нацисты были любителями в том, что касается сжигания книг, и это должно быть Вам известно. В «демократической» Германии книги сжигаются тоннами, без преувеличения. Например, по приказу суда огню было предано 14 тысяч экземпляров книги «Strittige Fragen zur Grundlagen der Zeitgeschichte». Немецкая версия моей книги «Невиновные в Нюрнберге» также была сожжена, а печатные формы, формы для трафаретной печати и т.д. были уничтожены, несмотря на то, что книга была напечатана в Англии. В нынешней Германии запрещено больше книг, чем во времена Гитлера.

В нынешней Германии уголовному преследованию за «преступления мысли» (т.е. за совершенно безобидное высказывание личного мнения) подвергается, в среднем, 15 тысяч человек в год. В Германии преступление – говорить даже самые очевидные вещи – например, что в других странах также были концлагеря. За это можно получить пять лет. Это называется «релятивизацией преступлений национал-социалистов». В тюрьму в любой момент могут посадить практически любого немецкого гражданина или резидента, в том числе иностранного туриста. Уму непостижимо, как немцам удаётся печатать то, что они печатают, – на свой страх и риск! Другие страны ненамного лучше. Если законы, запрещающие «отрицать холокост», – не сжигание книг, то что они тогда? Именно евреи придумывают и требуют эти законы; Вы что, лицемерка?

Тем не менее, несмотря на символичное сжигание книг, реальную цензуру и эмиграцию нескольких предателей, большинство лучших немецких актёров, актрис и продюсеров (Эмиль Яннингс, Генрих Георге (George), Вернер Краусс, Ганс Альберс, Отто Гебюр, Карл Раддац и, конечно же, Ви (Veith) Харлан и Лени Рифеншталь), художников (Вольфганг Вильрих, Вальтер Хёк, Герберт фон Кайль-Ханиш (Keyl-Hanisch), Оскар Юст и др.), скульпторов (Арно Брекер и др.), резчиков по дереву (Георг Слёйтерман фон Лангевайде (Georg Sluyterman von Langeweyde) и Рудольф Варнеке), граверов (Вернер Грауль), драматургов (Герхард Хауптман), писателей-романистов (Вильям фон Симпсон), архитекторов (Вильгельм Крайс) и даже джазовых музыкантов (Тедди Штауффер, Эрхард Баушке, Курт Вильдман, Хайнц Венер, Курт Хоэнбергер) осталось в Германии, создав всего за 12 лет тысячи современных шедевров. Сотни нацистских фильмов настолько хороши, что их до сих пор крутят по немецкому телевидению; последний фильм, снятый во время войны, «Под мостами» («Unter den Brücken»), рассказывающий о барочниках с немецких рек, настолько мирный, что мало кому придёт в голову, что тогда шла война. Согласно одному интернет-сайту, он входит в сотню лучших романтических фильмов всех времён.

Примеры нацистского искусства и работ самого Гитлера можно увидеть в интернете. Когда Гитлер стал канцлером, его картины резко выросли в цене – непропорционально их действительной ценности, – и он настрого запретил спекулировать ими. Только очень порядочный человек мог так поступить. (Сравните это с растиражированной «Малой землёй» Брежнева. – *Прим. пер.*)

Чтобы «доказать», что ни одна страна не может иметь подлинное искусство без евреев, американские «освободители»-«идеалисты» сожгли все копии определённых немецких фильмов, которые они только смогли найти (например, «Кольберга» («Kolberg») и «Еврея Зюсс»; и тот, и другой основывается на подлинных историях; существует также английская версия «Еврея Зюсса», снятая в 1934 году, но это никого не волнует – англичане же не нацисты), уничтожили тысячи скульптур, снесли прекрасные памятники и общественные здания (в то время, когда у миллионов немцев не было домов), сожгли миллионы книг, лишили компетентных людей работы на долгие годы после войны или и вовсе десятилетиями держали их за решёткой – лишь за их убеждения. (Советские «освободители» поступали НАМНОГО хуже; читайте «Сталинскую истребительную войну» Иоахима Хоффмана. – *Прим. пер.*) Всё это повторяется каждый раз, когда США вступают в войну. Если это свобода, то что тогда диктатура?]

он видел, как исчезали их соседи-евреи, часто приходившие к ним в гости (моя бабушка была еврейкой, принявшей католичество, так что у них было много знакомых-евреев). Когда отец спросил, куда пропали их друзья-евреи, его родители молча переглянулись и ответили: «Они отправились в поездку». Это была «поездка», из которой они так и не вернулись.

[К.П.: Это называется ложным выводом – выводом, не следующим непосредственно из посылок. Например: у меня пропала кошка – значит, её убили в газовой камере. Да, многие евреи попали в лагеря, уехали из Германии после войны и не вернулись назад; многие в лагерях умерли. Но это не значит, что их убили в газовых камерах.

На одном сайте о смертных казнях есть две статьи об американских газовых камерах. Откройте их и скажите: Вы видите хоть какое-то сходство между этими сложными, дорогостоящими установками и кустарными нацистскими «газовыми камерами»? Нацистские «газовые камеры» не могли работать в описываемой манере. То же самое справедливо и для пропускной способности печей крематориев и процедур кремации. Если Вы всё же настаиваете на своём, прошу отправить мне следующее:

а) отчёт о вскрытии, доказывающий, что хотя бы один заключённый концлагеря погиб в результате вдыхания паров цианистоводородной (синильной) кислоты;

б) технический отчёт, доказывающий, что здания, будто бы использовавшиеся в качестве газовых камер для убийства людей, действительно могли использоваться в качестве таковых;

в) химическое исследование, доказывающее, что скорость испарения и свойства Циклона-Б делали возможным процедуры газации, описанные так называемыми «очевидцами»;

г) технический отчёт, доказывающий осуществимость утверждаемых процедур кремации;

д) диаграмму с так называемыми «газовыми камерами» Освенцима II, на которой будет указано точное расположение «отверстий для ввода Циклона-Б» в крышу, которых, похоже, никогда не существовало;

е) другие технические и химические отчёты, убедительно опровергающие сомнения, поднятые Фориссоном, Бутцем, Лёйхтером, Рудольфом, Боллом, Маттоньо, Графом, Ирвингом, Вебером, Кроуэллом, Валенди и другими гораздо более осведомлёнными и компетентными, чем я, людьми.]

Мой отец был членом Гитлерюгенда, где ему приказывали шпионить за собственными родителями и сообщать куда следует, если они слушали зарубежные радиопередачи.

[К.П.: Да, подобные случаи, возможно, имели место, но не думаю, что это была общепринятая практика. Нацистская Германия – это вам не сталинский СССР. Да и вообще, что, по-вашему, происходило бы в США во время войны, если бы вражеские радиопередачи представляли реальную угрозу национальной безопасности? Не будьте наивной. Миллионы немцев слушали иностранные радио.

Кстати, слушание зарубежных радиопередач во время войны в некоторых странах считалось уголовным преступлением, за которое полагались расстрел или гильотина. В международном праве нет ничего такого, что запрещало бы руководству какой-либо страны принимать подобные меры. Кроме того, распространение вражеской пропаганды (например, «распространение вражеских прокламаций, представляющих угрозу интересам заинтересованной воюющей стороны»), подкуп или поощрение солдат с целью дезертирования и т.д. являлись, согласно международному праву, «военными преступлениями», караемыми смертной казнью. «Недонесение о преступлении» сделает Вас «соучастником после совершения преступления» согласно законам многих стран, включая США, в том числе в мирное время. Стоит отметить, что союзническая пропаганда была эффективна в Германии только в первые годы войны; начиная с 1944 года она лишь заставляла немцев сражаться упорней, чем когда бы то ни было, вследствие требования американцами безоговорочной капитуляции, злодеяний славных советских воинов и публикации печально известного плана Моргентау, согласно которому Германия должна была быть превращена в огромное пастбище.

Да, чуть не забыл: в 1994 году <u>в мирное время</u> (!) президент <u>«демократической»</u> Германии Рихард фон Вайцзеккер публично призвал детей шпионить за собственными родителями, и наоборот, и сообщать в полицию, если у кого-то из них имеются «правые взгляды». В Германии имеется также бесплатный телефон, по которому любой немец может позвонить и донести на своего соседа или знакомого, если у того имеются «правые взгляды» (011-49-1805-234566). «Правые взгляды» – это когда кому-то что-то не нравится, даже если все знают, что это истинная правда. Точного определения не существует. Такие вот дела...]

Он сказал мне также, что нацизм отвергал христианство
[К.П.: В национал-социализме было несколько течений, и большинство из них были вполне совместимы с христианством. Пожалуй, 99% национал-социалистов были ярыми христианами. Против христианства выступало очень мало национал-социалистов (Карл Франк, например). Христианство не любил Мартин Борман, но он не принял ни одной конкретной меры, направленной на запрет или борьбу с христианством. Гитлер был католиком. Священникам запрещалось вступать в партию, и всё. Генрих Гиммлер был преданным христианином; он сказал, что «тот, кто не верит в бога, – глупец». Библия не отстаивает расовое равенство и даже не выступает против рабства. В Евангелии от Иоанна (8:44) содержится одно из самых ярых «антисемитских» высказываний во всей печатной литературе, послужившее вдохновением для Мартина Лютера и Юлиуса Штрайхера. Да, в национал-социализме прослеживается определённое языческое влияние, но католическое влияние, пожалуй, сильней.

Немецкий исследователь Вернер Мазер показал, что Гитлер невероятно хорошо знал классиков и что <u>национал-социализм во многом происходит от стоицизма</u>. Эпиктет, например, утверждал, что здоровье, благосостояние и материальные ценности ничего не значат и что подлинной доблестью является Воля, которая должна вести нас к воздержанию и терпению. Гитлер всё время говорил об этом. На стоицизм эпохи Возрождения большое влияние оказал

Цицерон, которого и сегодня многие читают. <u>Стоицизм можно оценивать по-разному, но нельзя сказать, что он выступает за или против христианства.</u> Некоторые вообще считают Сенеку предшественником христианства.]

и что существовал план по уничтожению евреев.

[К.П.: Нет никаких доказательств существования у немцев плана по уничтожению евреев или кого-то ещё. У кого действительно имелся план по уничтожению (немцев), так это у англичан, американцев, русских и евреев; см.: Louis Nizer, «What to Do with Germany» («Что нам делать с Германией»), Theodore Kauffman, «Germany must Perish» («Германия должна погибнуть») и др. Франклин Рузвельт в шутку нарисовал карикатуру на «машину по кастрации» для уничтожения всего немецкого народа согласно рекомендациям Кауфмана (см., например: David Irving, «Nuremberg: The Last Battle»). Из истории следует, что массовые убийства – отличительная черта евреев, а не немцев; так, в библии содержится 137 описаний массовых убийств, совершённых евреями по поручению их бога. См. также: Menachem Begin, «The Revolt».]

Многие из заключённых нацистских концлагерей и тюрем были христианами, протестовавшими против гитлеровских злодеяний;

[К.П.: О каких злодеяниях Вы говорите? Прошу прощения за невежество, но кроме подавления путча Рёма мне ничего в голову не приходит. В 1939 году во всех 5 немецких концлагерях сидело лишь 22.500 человек (согласно другим источникам, ещё меньше – 7.500 человек); при этом большинство заключённых были коммунистами или обычными преступниками. Большинство из них отпускали примерно через пять месяцев. Коммунистов отпускали, если они обещали покончить с попытками насильственно свергнуть власть. Коммунистическая угроза в Германии была вполне реальной: вооружённая численность Железного фронта составляла 100 тысяч человек. До прихода Гитлера к власти в Германии имело место не менее двенадцати коммунистических восстаний. В результате только одного из них в Берлине погибло полторы тысячи человек. Было зарегистрировано также 250 тысяч самоубийств, причём в среде рабочих самоубийством нередко кончали семьями. Первые концлагеря в Европе были созданы поляками в 1922 году для этнических немцев. Вообще, согласно международному праву, концлагеря не были чем-то незаконным, и они уж точно не были изобретены немцами.]

одним из них был Дитрих Бонхёффер (Bonhoeffer) – лютеранский пастор, участвовавший в неудачном заговоре по убийству Гитлера.

[К.П.: Покушение на жизнь главы государства является уголовным преступлением во всех странах. В США преступление – даже УГРОЖАТЬ убить президента. Эта статья трактуется весьма широко, и многие угодили по ней за решётку, не собираясь на самом деле убивать президента.]

В концлагере сидел один мой близкий друг, польский иммигрант. Доказательством этого служит татуировка, выгравированная [!] *у него на руке.*

[К.П.: Насколько мне известно, Освенцим был единственным лагерем, в котором заключённым делали татуировку. Не думаю, что это практиковалось повсеместно, если практиковалось вообще, так как многих заключённых отпускали уже через несколько месяцев. В стенограммах (первого) Нюрнбергского процесса какие-либо упоминания о том, что заключённым делали татуировку, практически отсутствуют. Что касается поляков и евреев, то они выпустили огромное количество насквозь лживых «исследований»; см.: Jan Karski (Karsky), «Story of a Secret State», стр. 348-351; «The Black Book. The Nazi Crime Against the Jewish People», Prepared by the Jewish Black Book Committee, World Jewish Congress, Jewish Anti-Fascist Committee USSR, Vaad Leumi, Palestine, American Committee of Jewish Writers, Artists, and Scientists, 1946, стр. 270, 280, 313, 339, 356, 364, 374, 378, 408; Raul Hilberg, «The Destruction of the European Jewry», Holmes & Meier, 1985, т. 3, стр. 795-796 (зелёные места); приводимые документы – в основном, отчёты («сообщения») советской чрезвычайной комиссии по расследованию «фашистских» злодеяний, «письменные показания под присягой» и «фотокопии»; большинство источников – обычная коммунистическая пропаганда. Кстати, в 1973 году я провёл девять дней на одном польском лайнере, добрая половина пассажиров которого продемонстрировала мне свои татуировки, утверждая, что те были сделаны в нацистских концлагерях. Это была совершенно случайная выборка из 700 поляков, сделанная через тридцать лет после войны. Не верю.]

Он сидел в лагере, предназначавшемся исключительно для христиан.

[К.П.: Тогда это точно был не Освенцим.]

Он рассказывал, что условия содержания в лагере были настолько ужасными, что многие заключённые бросались на электрифицированную колючую проволоку, чтобы покончить с собой.

[К.П.: Эта байка часто встречается в холокостной литературе. Расскажите о ней палестинцам.]

Он видел также, как охранники-нацисты заживо сжигали заключённых.

[К.П.: Это серьёзное обвинение, требующее доказательств. В противном случае это является «дачей ложных показаний против соседа». Подобного рода слухи – один из худших примеров военной пропаганды.]

Ещё один мой друг, Хильмар фон Кампе, – бывший немецкий солдат, воевавший во Второй мировой за нацистов. Он стал жертвой нацистской пропаганды, которая заставила целый народ с презрением относиться к человеческой жизни.

[К.П.: Я не согласен, что «нацистская пропаганда заставила целый народ с презрением относиться к человеческой жизни». Где доказательство столь громкого заявления? Случайно, не в «речи об эксплуатации» Заукеля? Это только один, но очень показательный пример. Полный перевод речи выложен у меня на сайте. См. также «Роберт Вульф и хуцпа» (стр. 80-97 этой книги). Скажите, как бы Вы перевели немецкое слово «Seuchenabwehr»? Согласно моему словарю, правильный перевод – «предотвращение эпидемий», а вот глава Национального архива США Роберт Вульф утверждает, что это слово переводится как «уничтожение». Что скажете?

Вообще, нацисты находились в хороших отношениях с китайцами, японцами, индусами, арабами, сионистами, южноамериканцами, французами, словаками, украинцами, венграми... короче, со всеми, кроме англичан и поляков (хотя нельзя сказать, что они не старались). Чехи и те совершили во время войны меньше актов саботажа, чем сами немцы. Чехи, кстати, были единственным народом в Восточной Европе, поддерживавшим СССР (но только до 1968 года. – *Прим. пер.*).

Политическая жизнь Гитлера длилась 25 лет, в течение которых он написал две 500-страничные книги и выступил не менее чем с 5 тысячью речами.

Имеются также тысячи статей из официальных национал-социалистических газет, написанные за двадцатилетний срок. И при этом единственные цитаты, приводимые для доказательства порочности Гитлера, состоят из трёх коротких абзацев (или и вовсе отдельных фраз), взятых из «Майн кампфа» и вырванных из контекста («большая ложь», «15 тысяч евреев, задушенных ядовитыми газами», «личинка, вытащенная на свет божий»), двух коротких фраз, взятых из вышеуказанной речи о Чехословакии от 26 сентября 1939 года и также вырванных из контекста («моё последнее территориальное требование», «нам не нужны чехи»), и одной фразы, взятой из речи о Польше от 30 января 1939 года и, разумеется, также вырванной из контекста («уничтожение еврейской расы в Европе»). Все остальные цитаты взяты из доказанных фальшивок (документ L-3, протокол Хоссбаха, писанина Раушнинга) или замечаний, сделанных другими людьми («у победителя в войне не будут спрашивать, если правда на его стороне», документ Ra-27), и т.д. Отсюда следует простой вывод, что остальной (весьма объёмистый) материал является либо оправдывающим, либо безобидным, и, похоже, так оно и есть.

Термин «жизненное пространство» (Lebensraum) использовался нацистами, причём очень часто, в отношении требования о возврате немецких колоний – требования, которое выдвигалось в качестве одного из условий мирного политического соглашения с Великобританией и от которого Германия, скорее всего, собиралась отказаться. Термин «тысячелетний Рейх» (tausendjährige Reich) означал не то, что Третий рейх должен был просуществовать тысячу лет, а то, что Германской империи уже была тысяча лет (Первый рейх был основан Карлом Великим, Второй рейх – Бисмарком, Третий рейх – Гитлером, и, следовательно, Рейх, т.е. Германская империя существовала более тысячи лет). Термин «высшая раса» («раса господ») нацисты вообще не использовали.

Вряд бы кто-то мог предположить, что, к примеру, маркиз де Сад получит репутацию жуткого извращенца на основании нескольких цитат из доказанных фальшивок, чтобы затем обнаружить, что он написал также ряд совершенно безобидных книг, прочесть которые никто не удосуживается. Нет, здесь явно что-то не то.]

В результате пережитого он стал ярым противником абортов. Рекомендую посетить его сайт http://www.voncatpe.com/.

[К.П.: Я был на этом сайте, и я согласен с автором в том, что касается абортов. Однако он, помимо этого, верит в холокост, то есть он сам стал жертвой лживой пропаганды. Кроме того, фон Кампе, похоже, считает, что послевоенные издевательства над 15 миллионами немцев (изгнание, изнасилование, убийство, порабощение) были в какой-то мере оправданными, что просто неприемлемо с моральной точки зрения. Немцы не убивали евреев в газовых камерах и не были виновны в развязывании войны. Последнее убедительно доказывается в следующих работах: David Hoggan, «The Forced War»; «War Deutschland allein schuld?», FZ-Verlag,

Paosostrasse, 2, D-8000 München 60, и множество других. Я согласен также с фон Кампе в вопросе об Августо Пиночете. Нужно иметь немалую смелость, чтобы защищать Пиночета, и за это автора можно только похвалить *. Но ведь, если рассуждать логически, этот же довод применим и для Гитлера. Из этих двоих Гитлер был гораздо более великой личностью и был куда более успешен, пока англичане и поляки не втянули его в войну; при этом американцы втайне обещали ему помочь. Пиночет был куда более склонен к насилию, но ему повезло, что ЦРУ и SAS были на его стороне – до тех пор, пока он стал больше не нужен.

* <u>Примечание от 17 мая 2005 г.</u> Файл о Пиночете, похоже, был удалён, и сегодня на сайте нет почти ничего интересного – в основном, извинения перед евреями. Автор не приводит ни одного доказательства лохокоста, того, что Германия начала войну, или того, что нацизм действительно был так плох, как он утверждает. Он эту тему почти не обсуждает. Он также поддерживает Буша в его «войне с терроризмом» и считает, что Уго Чавес – «угроза для Америки» (!). Лично я презираю Буша и восхищаюсь Чавесом. Партия Буша никогда не получала 116 из 120 мест на честных выборах. Насколько мне известно, Гитлер, Саддам Хуссейн и Уго Чавес следовали или следуют схожей экономической политике; за это их уничтожили или хотят уничтожить.

Пиночет верил в приватизацию и свободный рынок.

Согласно Суворову, Сталин 6 июля 1941 года планировал напасть на Германию и Румынию с пятью миллионами солдат (300 дивизий), 24 тысячами танков (включая несколько тысяч танков новейших моделей) и тысячами самолётов. Танки и самолёты были произведены на заводах, построенных в кредит Джоном Деере (Deere), Генри Фордом и сотнями других западных «рыночных» капиталистов, включая немецких, и СССР за них так никогда и не заплатил. Если бы Гитлер 22 июня 1941 года не нанёс превентивный удар по Советскому Союзу, Сталин захватил бы Европу за несколько недель.

Спасибо, «свободный рынок», это как раз то, что нам было нужно!

(<u>Дополнение от августа 2007 г.</u> Если вы сомневаетесь, что Пиночет пользовался (и до сих пор пользуется) большой поддержкой, то вы можете зайти на YouTube и задать в поиске «homenaje a pinochet» («дань уважения Пиночету»), «gracias pinochet» («спасибо, Пиночет!») или «pinochet discurso» («речь Пиночета»); вы найдёте там кучу материала, в основном положительного характера. Если же вы наберёте «homage to bush», «thanks bush» или «bush speech», то большинство клипов будут негативного содержания. Где же Пиночет сейчас – когда он нам так нужен? Я восхищаюсь Пиночетом за то, что он сверг правительство (не всегда плохая идея), но не обязательно за всё то, что он сделал потом. В Библии (Еккл. 3:3) сказано: «Время убивать и время врачевать»; там не говорится: «Время приватизировать всё подряд и время пытать людей». – К.П.)

См.: Иоахим Гофман (Хоффман), «Сталинская истребительная война»; Werner Keller, «Are the Russians Ten Feet Tall?»;

Виктор Суворов (просто поразительный автор!), «Ледокол: Кто начал Вторую мировую войну?», «День М: Когда началась Вторая мировая война?», «Последняя республика: Почему Советский Союз проиграл Вторую мировую войну», «Тень победы», «Беру свои слова обратно» и др.;

Энтони Саттон (Anthony C. Sutton), «Уолл-Стрит и большевицкая революция», «Власть доллара», «Как Орден организует войны и революции», «Кто управляет Америкой», «The Best Enemy Money Can Buy», «National Suicide: Military Aid to the Soviet Union», «Western Technology and Soviet Military Development», «Wall Street and FDR» и др.;

см. также: «Major Jordan's Diaries».

Злодеяния, будто бы совершённые немцами в Советском Союзе, на самом деле были совершены советскими диверсантами, переодетыми в немецкую форму.

После того, как довоенное советское оборудование (созданное, в основном, американцами) было уничтожено во время немецкого вторжения (главным образом, отступающими русскими), оно было заменено новым оборудованием, обошедшимся американцам в 11 миллиардов долларов (общие военные расходы США составили 37 миллиардов долларов). Все советские ракеты, истребители и бомбардировщики, построенные после войны, были скопированы с немецких прототипов, предоставленных американцами; единственное исключение составил тяжёлый бомбардировщик «Ту-4», скопированный с американского «Б-29».

Простым фактом является то, что нацисты вовсе не собирались «завоёвывать весь мир»; более того, они спасли (Западную) Европу от коммунизма и уничтожили бы коммунизм полностью, если бы им не помешали американцы. В результате американцы, в качестве «награды», получили холодную войну, войны в Корее, Вьетнаме и т.д.

Повторяю: Гитлер обязательно уничтожил бы коммунизм – частично силой, частично путём привлечения миллионов коммунистов в свои ряды, как он сделал это в Германии.

Советам было также разрешено закупать урановую руду в Канаде, перевозить её на американскую авиабазу в местечке Грейт-Фолс (Great Falls), шт. Монтана, и оттуда, американскими самолётами, через Аляску, доставлять в СССР. Кроме того, десятки агентов-евреев (эмигрантов из Германии и СССР) передавали СССР атомные секреты. В результате в сентябре 1949 года СССР произвёл первое успешное испытание атомной бомбы. 54 года спустя, благодаря 25 сионистским советникам-«неоконсерваторам» американского президента, было «обнаружено», что одно бедное арабское государство, которое уже почти было задушено американскими санкциями, обладало «оружием массового поражения», так что стала необходима ещё одна война. Интересно, что обе войны в Персидском заливе совпали с Пуримом – <u>еврейским праздником мести</u>. О злодеяниях американских войск во время первой иракской войны можно прочесть здесь: Ramsey Clark, «The Fire This Time».]

В конце Второй мировой моя бабушка, пытавшаяся скрыть еврейское происхождение моего отца,

[К.П.: Существует много причин для того, чтобы скрывать еврейское происхождение. Самое очевидное из них – естественное чувство стыда. Скажите, Вы когда-нибудь слышали о «неоконсерваторах» («неоконах)? О Джонатоне Полларде (Jonathon Pollard)? О Розенбергах? <u>Евреев преследовали в нацистской Германии из-за того, что они никогда не были преданными гражданами страны, в которой они проживали.</u> Евреи не были преданными гражданами Древнего Египта, они не были преданными гражданами Польши, стран Балтии, царской России и сотен других государств и княжеств. В конце концов евреи перестали быть преданными гражданами СССР и стран соцлагеря, которые они с таким трудом создавали. Именно поэтому СССР обратился против них и коммунизму позволили «рухнуть». Евреи не являются преданными гражданами тех же США – самой проеврейской страны за всю историю человечества, – так что какой верности можно ждать от них в государстве, открыто направленном против них? Конечно, в нацистских антиеврейских мерах было немало несправедливости, но это было неизбежно.]

обнаружила, что они были включены в список лиц, подлежавших отправке в концлагерь.

[К.П.: Да, наверное, поэтому 150 тысяч лиц еврейского происхождения служило в немецких вооружённых силах во время войны; см.: Bryan Rigg, «Hitler's Jewish Soldiers».]

Мой отец, сам едва не став жертвой Холокоста,

[К.П.: Ещё один ложный вывод. Не всех евреев депортировали, и не все из депортированных умерли. Например, из 225 тысяч французских евреев было депортировано 75.075 человек. Это официальные цифры от парижского фонда С.-Б. Кларсфельда (Mémorial de la déportation des juifs de France). При этом у многих из них вообще не было французского гражданства. Те из них, которые к концу 1945 года не вернулись в Париж, чтобы отметиться в «Ministère des ancients combatants» как «всё ещё живые», были официально причислены к «погибшим в газовых камерах». В этот скорбный список, под своей девичьей фамилией, вошла и Симона Вейль, будущий председатель Европарламента. Из Голландии было депортировано 60-70% евреев, зато из Бельгии – только 20-30%. Таким образом, немцы интернировали далеко не всех евреев, проживавших на контролируемых ими территориях. В лагерях евреи трудились на немецкую военную экономику. Практически все воюющие государства интернируют «враждебных иностранцев» (граждан или подданных неприятельского государства); это законное право воюющей стороны. Учитывая многочисленные сионистские «объявления войны» против Германии начиная с 24 февраля 1933 г., евреи вполне подпадали под эту категорию. Взамен, однако, немецкие власти разрешали евреям эмигрировать в любую страну мира и менять свои имена, как им только вздумается (евреи всегда этим занимаются). Согласно Дэвиду Хоггану («The Forced War»), 15% евреев, эмигрировавших из Германии в 1933-1934 гг., к 1939 году вернулись обратно. Это было потому, что евреи также пользовались благами нацистской Германии, хотя им, конечно, были не по душе расовые аспекты национал-социализма. Итак, никаких газовых камер не было, и ни один еврей в них не погиб. Если Вы не согласны, докажите обратное.]

стал ярым защитником права на жизнь. Это наследие он передал мне.

В интересах истины настоятельно прошу Вас взять обратно все заявления с Вашего сайта о том, что Холокоста не было

[К.П.: Вы ведёте себя как настоящая еврейка. Вы не предоставляете никаких доказательств, Вы ничего не знаете о ревизионистской литературе, Вы, судя по всему, больше ничего не читали на этом сайте, но при этом Вы требуете, чтобы я взял свои слова обратно и извинился. Вот когда русские, евреи, поляки, англичане и американцы возьмут обратно всю свою гнусную ложь о немцах и извинятся перед 15 миллионами немцев, изгнанных, замученных, изнасилованных и отправленных в рабство ПОСЛЕ войны, когда евреи извинятся перед палестинцами и иракцами, когда евреи перестанут втягивать Америку в новые войны ради себя, любимых, вот тогда, может быть... Впрочем, я не делал никаких «ложных заявлений» (см. ниже), так что мне нечего брать обратно.]

или что страдания пострадавших от нацистского общества были «воображаемыми».

[К.П.: Хорошо. Скажите, лично Вы верите в «мыло из человеческого жира»? Просмотрите мою статью «Human Soap – American Style» («Человеческое мыло по-американски»). Скажите, немцы убивали своих детей в чреве матери? Они собирали остатки зародышей и продавали их тем, кто предлагал самую высокую цену? Нет. Они субсидировали семьи. Они поощряли браки, повышали рождаемость, создавали рабочие места, боролись с гомосексуализмом и порнографией. Из-за пятилетней английской блокады, в результате которой от голода умерло 800 тысяч человек и детская смертность достигла 85% (многие умерли уже ПОСЛЕ войны, поскольку англичане не снимали блокаду в течение девяти месяцев после прекращения боевых действий, чтобы заставить немцев подписать Версальский «мирный» договор, что, в итоге, и произошло 28 июня 1919 г.), за которой последовали Версаль, чудовищная инфляция, Великая депрессия, нацисты унаследовали поколение детей-рахитиков и туберкулёзников, матерей, неспособных кормить грудью, и почти семь миллионов безработных. Несмотря на это, им в итоге удалось создать поколение здоровых, счастливых и энергичных детей, матерей, промышленных рабочих, крестьян и солдат. Членство в Гитлерюгенде (во многом скопированном с американских бойскаутов и английских школ-интернатов) было совершенно добровольным до 1939 года. 95% немецких юношей и девушек вступили туда добровольно. Если «паровые камеры» оказались ложью, если «вакуумные камеры» оказались ложью, если «камеры с негашеной известью» и «поезда с негашеной известью» оказались ложью, если «электрические камеры» оказались ложью, если «газовые камеры» также оказались ложью, то кто знает, сколько ещё лжи о нацистах было сказано и написано?]

Моя семья – живое свидетельство [!] *тому, что это не так.*

[К.П.: Опять ложный вывод. Ваш отец жив – следовательно, холокост был! Если это что-то и доказывает, так это обратное. Если холокост действительно имел место, то откуда столько «выживших»?]

Буду рада, если Вы мне ответите и принесёте извинения [!]

[К.П.: Чисто по-еврейски.]

за Ваши ложные заявления

[К.П.: Какие ложные заявления? Этот сайт содержит примерно 600 фотоснимков оригинальных документов, тысячи точных цитат и десятки переведённых и авторских статей. Какие заявления, по-вашему, являются ложными?]

о событиях, которые всё ещё причиняют боль моему отцу.

[К.П.: Расскажите о «еврейской боли» палестинцам. Может, их это заинтересует, не знаю. Лично мне это не интересно. Использовать жалость к себе в качестве оружия против остального мира – что может быть презрительней? Но именно этим вовсю занимаются евреи на протяжении вот уже 3 тысяч лет. См.: Israel Shahak, «Jewish History, Jewish Religion, the Weight of Three Thousand Years» и «Jewish Fundamentalism in Israel». Их автор, Израэль Шахак, – бывший заключённый Берген-Бельзена, проживающий ныне в Израиле. Шахак приводит ряд крайне интересных цитат из Талмуда. См. также: Elizabeth Dilling, «The Jewish Religion: Its Influence Today». Данная работа содержит сотни фотоснимков страниц из Талмуда, на английском языке, где дозволяются все вообразимые половые извращения – например, половые сношения с девочками в возрасте трёх лет и одного дня, с мальчиками в возрасти не менее девяти лет, но ни днём моложе, скотоложство и т.д. и т.п. (соответствующие места подчёркнуты). Неправда, что эти отрывки были вырваны из контекста злобными антисемитами. Этот материал выложен на интернете в графическом и текстовом вариантах, с поиском и указателем; см.: http://www.come-and-hear.com.

Я спросил у одного ортодоксального еврея, моего сторонника, что он думает об этих отрывках из Талмуда, и он ответил, что это саги, которые перепутали с религиозными текстами. Что же за это за религия такая, которая сочиняет подобные «саги»? И таких примеров – сотни.]

Заранее благодарю.

С наилучшими пожеланиями,
[имя удалено]

* * *

Удивительно, но наша переписка растянулась на месяцы, и мы стали друзьями. Её очень заинтересовали Фред Лёйхтер, Гермар Рудольф, Вальтр Люфтль, Рихард Креге и т.д. Это было для неё что-то совершенно новое. Она – протестантка, бывшая католичка, которую крайне печалят попытки евреев искоренить христианство из общественной и культурной жизни Америки. Она выступает против Израиля и войны в Ираке. После того, как я объяснил, что я не обвинял её отца во лжи, а просто сказал, что он ошибается в определённых вещах, она извинилась за её первоначальное отношение, написав: «Меня могут дурачить так же хорошо, как и любого другого, и если я верила в ложь все эти годы, я хочу об этом знать... Я молюсь, чтобы узнать правду». Она также поблагодарила меня за то, что я «заставил её хорошенько задуматься над вещами, которые я всегда считала доказанными». Я выслал её книгу Карского «Story of a Secret State» (она назвала её странной), а она прислала мне брошюру о Федеральном резервном управлении США. Похоже, она тоже своего рода писатель. Всё это говорит о том, что любой сможет понять ревизионистскую точку зрения, если просто возьмёт и честно ответит на животрепещущие вопросы.

СЛАВА СТАЛИНУ!

«Через пять лет хвалить Сталина может быть так же опасно, как критиковать его два года назад. Но я бы не стал считать это прогрессом. Вы ничего не добьётесь, если научите попугая новому слову» – Джордж Оруэлл.

Ответ одному антисемиту, который восторгался Сталиным за то, что тот расстрелял пару еврейских комиссаров.

О Сталине

Что ж, давайте тогда примем Сталина за модель. Если мы действительно хотим решить наши расовые проблемы, то нашей моделью должен быть не Гитлер, который был мальчиком из церковного хора в том, что касается депортаций, массовых убийств и лжи, а Сталин – человек, которому в этом деле не было и нет равных. Как жаль, что «отцу народов» понадобилось так много времени, чтобы начать убивать того, кого надо.

— Как жаль, что он «забыл» расстрелять своего шурина, еврея Лазаря Кагановича (уморившего голодом семь миллионов на Украине), который в итоге дожил до 100 лет.

— Как жаль, что он построил Беломорканал руками 300 тысяч арийских рабов, а не руками евреев.

— Как жаль, что он отправил валить лес в Сибирь десятки миллионов арийцев, а не евреев.

— Как жаль, что он уничтожил «кулаков как класс», а не «евреев как расу».

— Как жаль, что он расстрелял 15 тысяч польских офицеров (вообще-то половину из них погрузили на баржи и утопили в Белом море), а не 15 тысяч евреев.

— Как жаль, что он истребил 30-60 миллионов арийцев, а не 30-60 миллионов евреев (в мире должно проживать не менее 60 миллионов евреев, если не больше), и т.д. и т.п.

— Но огромное ему спасибо за то, что он убил Троцкого ледорубом и расстрелял несколько десятков еврейских комиссаров во время показательных процессов 30-х годов.

Как-никак, путешествие длиной в тысячу километров начинается с одного маленького шага!

Что ж, давайте тогда примем Сталина за модель. Давайте примем моральный кодекс коммунистов (являющийся также моральным кодексом евреев и христиан) и открыто заявим, что цель оправдывает средства (см. примечание).

Например:

— Если бы мы взяли и утопили 10 миллионов негров (а не поработили бы их, как это делали их африканские и арабские собратья), то этим мы бы оказали человечеству большую услугу.

— Если бы мы кастрировали их, чтобы затем продавать как евнухов, как это делают арабы (а не поощряли бы их размножаться как крысы, чтобы продавать их потомство), то этим мы бы оказали человечеству большую услугу.

— Если бы мы взяли 80 тысяч мексиканских нелегалов и сожгли их заживо в калифорнийской пустыне (вместо того, чтобы убивать 80 тысяч иракских солдат на другом конце земного шара), то этим мы бы оказали человечеству большую услугу. (Как-никак, мексиканцы совершили против нас «агрессию», за что их надо «наказать». Чем они лучше «фашистских агрессоров»?)

— Если бы мы взяли 300 тысяч еврейских антропологов, банкиров, финансовых консультантов, консультантов по инвестициям, адвокатов, психоаналитиков, психиатров и психологов и сожгли их заживо в Беверли Хиллз (вместо того, чтобы убивать в Дрездене 300 тысяч белых женщин и детей, беспомощных беженцев, руками Черчилля по приказу Сталина), то этим мы бы оказали человечеству большую услугу.

Если Сталин может убить 20-30 миллионов русских и при этом быть героем для президента США, если Мао Цзэдун может убить 60 миллионов китайцев и при этом быть героем чуть ли не для всех студентов из «Плющевой лиги» (Ivy League) во время войны во Вьетнаме, если мы можем убить 50 миллионов собственных детей (начиная с 1973 года) посредством аборта, то почему нам нельзя решать наши расовые проблемы тем же путём? Почему убийство евреев в газовых камерах должно считаться преступлением? Чем евреи лучше нас?

Сталинская конституция гарантировала свободу слова, свободу печати, право республик на выход из состава СССР. Из 32 человек, написавших конституцию, 30 было расстреляно, но от неё никто не отрёкся. Более того, Франклин Рузвельт процитировал её, чтобы доказать, что Советский Союз является «демократией западного образца». Если Рузвельт был настолько безумен, чтобы порубить полмира, а другую половину отдать Сталину, то с какой стати Сталину нужно было отказываться принять её в том же духе, в котором она была отдана?

Сталин был грузином (возможно, грузинским евреем), а грузины славятся своей безжалостной мстительностью. Грузин будет ждать двадцать лет, чтобы отомстить. Сталин лично сказал: «Тщательно продумать план, дать волю безжалостной мести и затем пойти спать – что может быть прекрасней?»

Один из людей, входивших в окружение Сталина, сказал: «Проработать со Сталиным тридцать лет и при этом не знать, что у него на уме, – это ужасно». Что ж, весьма похвальное качество – как раз то, что нам нужно.

Как здорово будет организовать в Вашингтоне показательные сталинские процессы для тысяч федеральных агентов, слушать, как они будут униженно лепетать: «Я предал свой народ! Я – мразь, которая заслуживает расстрела!», и смотреть, как они будут неистово аплодировать, когда им будет зачитан смертный приговор!

Как здорово будет проделать то же самое с «политически корректными» комиссарами культурной и политической жизни США!

Это было бы по-сталински. Это ведь «демократично», а значит хорошо для США. Нацизм же – плохо.

История многому учит. Если ты крадёшь, кради по-крупному. Если убиваешь, убивай по-крупному. Если лжёшь, лги по-крупному. С этим у Гитлера были большие трудности. Лжец из него был никудышный. Он имел неизлечимую склонность к правде, а это – губительный недостаток для политика XX века.

Посмотрите на англичан. Они ставят памятнику мяснику Харрису, преднамеренно убившему миллионы мирных жителей, и затем дают девять пожизненных сроков члену ИРА, непредумышленно убившему девять человек. Бомба тогда взорвалась преждевременно и убила, в том числе, одного из членов ИРА; остальные погибшие были клиентами рыбного магазина, расположенного рядом со зданием Министерства обороны Северной Ирландии. Люди из ИРА хотели очистить магазин и взорвать здание Министерства обороны. Они не собирались убивать людей из магазина. Они даже принесли свои извинения. Вот уже 25 лет ИРА регулярно извиняется за гибель мирных жителей. Да и что такое девять человек, непредумышленно убитых в XX веке? Разве англичане хоть раз извинились за убийство мирных жителей?

Коммунисты убили сто миллионов человек, если не больше, но коммунистов уважают. Везде можно встретить коммунистов. Национал-социалисты же убивали людей только в случае крайней необходимости, и их стёрли со страниц истории. Почему? Да потому, что они обидели евреев в том, что касается сугубо теоретического, философского вопроса – равенства всех людей – мифа, в который сами евреи (самая фанатичная раса на Земле, имеющая наиболее развитый расовый инстинкт) никогда не верили и никогда не собирались применять на практике. Посмотрите на тот же Израиль.

Гитлер называл это национал-социализмом. Сталин – социализмом в одной стране. Слово «социализм» в США – почти ругательство, так что мы придумаем какое-то другое название. Для доброго дела всё сгодится.

* * *

Примечание. Принцип, согласно которому цель оправдывает средства, имеет иезуитское происхождение и был сформулирован отцом Германом Бузенбаумом (Hermann Busenbaum) в 1645 году в труде «Medulla theologiae moralis» («Quum finis est licitus etiam media sunt licita»), выдержавшем за 100 лет двести переизданий. Будучи «религией любви», столетиями сжигавшей людей живьём, христианство вряд ли может претендовать на то, что оно руководствуется каким-либо другим принципом. – К.П.

«ЯПОШКИ СЪЕЛИ МОЙ ЖЁЛЧНЫЙ ПУЗЫРЬ»,

или «свидетели говорят»

Радхабинод Пал (Radhabinod Pal), один из судей Токийского процесса над «военными преступниками», составил знаменитое особое мнение, в котором, говоря об обвинениях в злодеяниях, использовал понятие «мерзкое (ужасное) соревнование» (vile competition). Такое впечатление, что «свидетели» японских «злодеяний» соревнуются друг с другом, рассказывая по-новому одну и ту же байку и добавляя в неё всё больше ужасов и мерзостей, чтобы показать, что именно они пострадали больше всех.

Ниже приводится лишь небольшая часть примеров этого «соревнования».

Меня проткнули штыком пять раз

«Я упал на землю с пятью штыковыми ранениями, три из которых были в шею и грудь, и больше не двигался» (стр. 15.415). (Здесь и далее приводятся ссылки на «Токийский приговор» (The Tokyo Judgment: The International Military Tribunal for the Far East (IMTFE), 29 April 1946 – 12 November 1948. Edited by B. V. A. Röling and C. F. Rüter. Amsterdam: University Press Amsterdam, 1977.).)

Меня тоже проткнули штыком пять раз

«Я получил пять штыковых ранений: одно из которых – в верхнюю часть правой руки, другое – в верхнюю часть грудной клетки, прошедшее сквозь грудь, ещё одно – в талию, прошедшее сквозь правую часть туловища, и ещё одно – в правое плечо. Из-за силы штыков, прошедших сквозь моё туловище...» (стр. 12.442–12.443).

Меня проткнули штыком семь раз и подожгли

«Всех проткнули штыками и закололи, свалили в кучу, облили бензином и подожгли. Единственный выживший из них описал, как его четыре раза проткнули штыком в спину и три раза – в переднюю часть туловища» (стр. 12.444).

Меня проткнули штыком одиннадцать раз

«Меня проткнули штыком пять раз. Я притворился мёртвым и задержал дыхание... Он услышал, как я дышу, и проткнул меня штыком ещё шесть раз. Последнее ранение прошло сквозь ухо, лицо и рот, задев артерию... Я пролежал там около часа... Мне удалось просунуть ногу между рук и разгрызть узел» (стр. 14.107–14.108).

Меня проткнули штыком 38 (тридцать восемь) (!) раз

«В: Вы говорите, что Вас проткнули штыком 38 раз. В какую часть тела Вас ранили?
О: В разные части тела [Ответ занимает две страницы.]» (стр. 12.430–12.432).

Мне отрубили голову

«Японский меч рассекал воздух возле ямы... Мне наклонили голову вперёд, и через несколько секунд я почувствовал тупой удар в заднюю часть шеи... У меня была большая рана на задней части шеи» (стр. 12.885–12.886).

Мне тоже отрубили голову

«Четырёх местных жителей приговорили к обезглавливанию, безо всякого суда. Однако одному из них, Маируху, удалось выжить, и он рассказал об этом преступлении в своих показаниях, документ обвинения 5530; на прилагаемой фотографии у него виден шрам на шее» (стр. 13.927).

Мне тоже

«Офицер вытащил меч, и я увидел, как он передал его одному из солдат и указал на меня. Японские солдаты подошли ко мне сзади, и я вдруг почувствовал острую боль в шее; также я почувствовал, что у меня по лицу течёт кровь... На следующее утро я пришёл в себя и обнаружил, что я был весь в крови. Я осмотрелся и обнаружил, что пять моих сотоварищей были мертвы и их головы были частично отсечены от туловищ» (стр. 12.984–12.985).

Мне отрубили голову и сбросили с откоса

«Два японских солдата попытались отрубить им головы. Один из солдат рубил жертв саблей по шее, другой сталкивал обезглавленные тела с откоса. По-видимому, убили всех кроме двоих. Впоследствии была опознаны тела четырёх жертв. Одному человеку удалось остаться в живых» (стр. 12.457–12.458).

Мне отрубили голову, но мне удалось сбежать с кем-то на спине

«Они приказали нам встать у края рва и начали рубить нас мечом по шее. Закончив это, они ушли. Впоследствии я понял, что они пошли за бензином. Я сбежал вместе с двумя снайперами – один из них развязал мне руки и затем убежал, – неся одного из них на спине» (стр. 15.417).

Меня расстреляли, проткнули штыком и сбросили в овраг глубиной 250 метров

«В тот момент, когда японцы прицелились в нас, мы, обречённые, запели «Марсельезу»... Многие из нас были ранены... В течение последующих двух часов имели место сцены беспрецедентной жестокости, которые начались с того, что японцы бросились на нас, крича и используя наши тела в качестве мишеней для штыков. Затем они стали развлекаться, стреляя из ружей или револьверов в уши тех, кто ещё был жив. Малейшее движение вызывало взрывы хохота и громкие крики радости и отмечало собой новую жертву, которую они немедленно протыкали штыком. Меня самого ранили четыре раза – в руку, грудь и правую ягодицу.

Когда японцы решили, что больше никого не осталось в живых, они приказали анманитам (солдатам нашей нерегулярной армии) убрать наши тела и сбросить их в овраг. Сброшенные тела катились 200-250 метров. Я пришёл в себя, лежа головой вниз» (стр. 15.420–15.421).

Меня расстреляли и проткнули штыком

«В конце концов их всех собрали в группу и расстреляли из ружей и пулемётов. Японцы убрали тела, но не свидетеля, который притворился мёртвым... Он лежал не двигаясь до тех пор, пока японцы не ушли. Многие из японцев, проходя мимо него, пинали его и кололи штыками. Один из японцев вонзил штык ему в бок» (стр. 12.951–12.952).

Меня избили и попытались утопить со связанными руками

«Подводная лодка появилась в непосредственной близости... Нам приказали подняться на борт подлодки... После того, как все оставшиеся в живых поднялись на палубу подлодки, японцы начали стрелять по спасательной шлюпке...

Я узнал, что японский экипаж применял тактику, схожую с древней индейской практикой прохождения сквозь строй, когда они заставили пленных пройти через два ряда людей, вооружённых дубинками, прутьями и другими тупыми предметами; в конце пути их сталкивали в море... Я почувствовал страшный удар по основанию головы... Меня толкали сквозь строй японцев, осыпавших ударами моё туловище и голову различными предметами, которые я, будучи сильно оглушён, не мог определить, хотя впоследствии мой доктор сказал, что меня порезали штыком или мечом.

Дойдя до конца строя, я упал в то, что выглядело как белое пенное море».

(Примечание. Это взято из письменных показаний, приведённых обвинителем.)

«Председательствующий судья: Лорд Патрик сказал мне, что Вы не прочли фрагмент, где этот свидетель объясняет, как ему удалось удержаться на воде со связанными руками... Вы остановились после слов "пенное море"... Хотелось бы, чтобы Вы продолжили читать дальше и объяснили, как этому человеку, согласно его показаниям, удалось удержаться на воде со связанными руками... Не беспокойтесь. Он говорит, что он держался на плаву стоя» (стр. 15.144–15.145).

Со мной проделали то же самое, да ещё и застрелили

«Подлодка походила всё ближе и ближе... Они приказали европейцам подняться на борт... Два японца заставили нас встать перед ними; у одного из них был револьвер, у другого – моток верёвки... Один из них готовился нас связать... Когда я дошёл до самого края палубы и оказался над пропеллерами, я услышал выстрел и почувствовал страшный удар в голову. Я полетел вниз к воде. Японцы постарались сделать всё как следует, поскольку это происходило над пропеллерами. Как я пролетел мимо них, я не знаю. Должно быть, я потерял сознание на некоторое время. Когда я очнулся, я был в воде, и вокруг меня было множество крови... Подлодка находилась примерно в миле от меня... Я ощупал голову рукой и не обнаружил каких-либо отверстий в кости» (стр. 15.170–15.174).

Меня пытали на палубе подводной лодки четыре часа

«Затем на палубе показался японский офицер. У него был меч... Они заставили их [пленных] пройти к левому борту подлодки... Другой [японец] проткнул его штыком раз или два. Затем они столкнули его за борт.

В: Как долго Вы были пленником на борту подводной лодки?

О: Примерно четыре часа» (стр. 15.116 – 15.119).

(Примечание. Для подводной лодки топить торговое судно и затем всплывать на поверхность крайне опасно. Всплывшая подлодка будет беззащитна против самолётов, которых экипаж корабля мог вызвать по радио, не говоря уже о радаре и гидролокаторе. После потопления корабля подводная лодка должна немедленно погрузиться под воду и покинуть зону боевых действий, или же она должна быть готова к погружению в течение менее одной минуты. Это означает, что экипаж не может находиться в это время на палубе. Таким образом, вышеуказанные события просто не могли иметь место. Речь здесь идёт о потоплении кораблей «Jean Nicolet», «S.S. Ascot» и др. Японское правительство в ответ на протесты провело расследование и пришло к заключению, что «эти атаки не подкреплены фактами».)

Мне удалось избежать сожжения заживо, пробравшись через двойное ограждение из колючей проволоки с пулей в ноге, после чего я спрыгнул с 15-метрового утёса, убил трёх япошек после борьбы под водой, переплыл залив и затем пять дней пробирался сквозь джунгли без пищи и воды, после чего примкнул к филиппинским партизанам

«В: Что означает "X" в этом документе?

О: Так обозначено двойное ограждение из колючей проволоки, окружавшее строение высотой примерно семь футов (2 метра); проход внутри ограждения имел около двух футов (60 см) в ширину.

В: Что находится слева, в юго-восточной части ограждения?

О: Крутой утёс с небольшим подлеском, граничащий с заливом Пуэрто-Принцесса. Этот утёс имеет 50-60 футов (15-18 метров) в высоту... Эти вёдра с бензином, их бросили внутрь укрытия роты А, затем они бросили горящий факел, чтобы поджечь бензин; после этого люди были вынуждены выходить наружу, охваченные огнём, где их протыкали штыками, расстреливали, избивали прикладами или закалывали. Я видел, как некоторые из этих людей катались по земле, по-прежнему охваченные огнём, и падали после выстрелов... Я быстро вылез из укрытия и пролез сквозь двойное ограждение из колючей проволоки... За те несколько секунд, что я находился под обстрелом, мне в правую ногу угодила пуля... Затем я перескочил через утёс и стал спускаться вниз... Через 50-100 футов (15-30 метров) камни закончились, и я наткнулся на трёх японских моряков... которые пытались установить пулемёт Льюиса... У меня не было другого выбора, кроме как прыгнуть на этих трёх японских моряков и попытаться забрать у них этот пулемёт.

Борясь, мы очутились в воде, где под действием их веса я ушёл под воду и оставался там, держа их под водой вместе со мной, заставив их в конце концов отпустить пулемёт и меня, после чего они попытались вернуться на берег.

Выйдя из воды, я передёрнул затвор пулемёта и скосил этих трёх японских моряков. Однако, увидев, что неподалёку на берегу устанавливается ещё один пулемёт, я был вынужден вернуться тем же путём, которым пришёл, пытаясь найти укрытие среди камней. Чтобы протиснуться в обнаруженную мной небольшую расщелину, мне пришлось бросить пулемёт в воду... Патрули продолжали рыскать среди камней и по берегу весь оставшийся день... В ту ночь я и четверо моих сотоварищей переплыли залив, и, проведя несколько дней в джунглях, нам удалось присоединиться к филиппинским партизанам (стр. 15.229–15.240, показания Дугласа Уильяма Бога (Douglas William Bogue))».

«Пять дней и ночей, без пищи и воды, за исключением дождевой, [Дуглас Уильям] Бог пробирался сквозь джунгли» (заявление филиппинского обвинителя, стр. 12.671).

(Примечание. Это происшествие также стало предметом протеста, поданного в пропагандистских целях.)

Находясь в океане, я получила сквозное ранение из пулемёта, после чего потеряла сознание на два дня. Впоследствии моё ранение исчезло без следа, несмотря на полное отсутствие медицинской помощи

«Попавшая в меня пуля вошла в спину на уровне талии и вышла наружу. Я потеряла сознание, и волны вынесли меня на край берега. Я пролежала там десять или пятнадцать минут, затем села и осмотрелась: японцы исчезли. Из последних сил я добралась до джунглей и потеряла сознание...

В: Вы пробыли без сознания с понедельника до среды?

О: Да... Мне удалось дотащить его [Кингсли] до джунглей, затем я отправилась в деревню...

В: Сколько раз Вы отправлялись в деревню за едой?..

О: Я шла в деревню два или три раза.

В: И сколько времени прошло с понедельника, когда Вы и Кингсли решили опять сдаться?

О: Примерно двенадцать дней. (Примечание. Обратите внимание, что они дважды сдались японцам, несмотря на то, что те убивали всех военнопленных.)

Председательствующий судья: Сколько внимания было уделено Вашей ране после того, как вы сдались?

О: Нисколько.

Председательствующий судья: Японцы знали о ране?

О: Нет, я им о ней не сказала» (стр. 13.457–13.476, показания медсестры Вивьен Бульвинкель (Sister Vivien Bullwinkel)).

Я прошёл 120 километров за девять дней с температурой 40,9 °C без пищи и воды, неся на спине раненного товарища, после чего моя лихорадка прошла безо всякого лечения

«О: У меня была бронхопневмония и малярия и температура 40,9 °C...

В: Несмотря на то, что Вы были больны, Вас заставили участвовать в Марше смерти?

О: Да.

В: Сколько дней длился марш?

О: 9 дней.

В: Во время марша японцы давали вам пищу или воду?

О: В первые четыре дня японцы не дали нам ни грамма еды и ни капли воды.

В: Откуда вы брали воду?

О: Ну, многие из нас вообще не достали воду; многие умерли, пытаясь раздобыть воды. Воду можно было добыть только из редких артезианских колодцев, располагавшихся по краям дороги, или из водоёмов карибу. Вода из водоёмов была такая грязная, что пить её было крайне опасно, а воды из картезианских колодцев было так мало, что когда большое количество людей пыталось добраться до неё, солдаты попросту вскидывали оружие и стреляли в людей...

В: Как вам удавалось добывать пищу в первые пять дней, если удавалось вообще?

О: Филиппинские жители много раз пытались давать пищу тем, кто участвовал в марше. Однако они делали это рискуя жизнью, и многие жители лишились жизни, пытаясь это сделать. А так вся наша еда состояла из редких кусков сахарного тростника... Отсутствие еды ещё как-то можно было перенести и, думаю, можно было идти и без воды, но людям надо отдыхать. Однако постоянное движение и сидение часами под палящим солнцем...

В: После того, как ранили капеллана, Вы ему помогали, г-н Ингл?

О: Я был одним из тех, кто помогал ему. Я лично помог донести его до следующего перевала, а в последующие дни мы несли его по очереди...

В: Я так понимаю, когда Вас взяли в плен, у Вас была температура 40,9 [по Цельсию]... Сколько дней вы ему помогали?

О: Это произошло на третий или четвёртый день. Мы помогали ему начиная с того момента вплоть до девятого дня, когда закончился наш переход.

В: Ваша болезнь ухудшилась во время этого марша?

О: Похоже, вместе с потом из меня вышла часть малярии, и постепенно я стал чувствовать себя несколько лучше (стр. 12.611–12.631, показания Дональда Ф. Ингла (Donald F. Ingle)).

Примечание. Согласно обвинению, 53 тысячи военнопленных из Батаана заставили пройти 75 миль (120 км) за 9 дней без пищи, еды и медицинской помощи. Тех, кто пытался добыть воду или пищу, застреливали или протыкали штыками, так же как и тех, кто пытался дать им воду или пищу.

Очевидно, что если бы это было правдой, никто из тех людей не дошёл бы до конца пути. Однако большинство людей всё же дошло. Смертность составила около 10%, в основном от болезней.

Согласно защите, марш был вызван срочной военной необходимостью: сдача в плен имела место из-за болезней и нехватки пищи, при этом у японцев было недостаточно продовольствия. Место сдачи в плен находилось под артиллерийским обстрелом из района острова Коррегидор и форта Драм. Транспорт был необходим для военных целей. Согласно Женевской конвенции о содержании военнопленных 1929 года, военнопленные могли проходить пешком по 20 километров в день, при этом перевозка на транспорте не была обязательна, хотя некоторых всё же перевозили. Согласно этой же конвенции, дисциплинарные наказания, применяемые к военнопленным, не должны быть хуже тех, что применяются в армиях государства пленения. В японской армии служащих можно было несильно ударять. Таким образом, всё, кроме необоснованного расстрела или пыток, было вполне законно. Япония не ратифицировала эту конвенцию (однако подписала её), поскольку та требовала более высокий уровень содержания военнопленных по сравнению с уровнем содержания японских солдат и гражданских лиц, но более низкий уровень дисциплины. Слухи о преступлениях, совершённых солдатами, мог собрать любой, в том числе в послевоенной Японии. Сговор доказан не был. Подсудимых нельзя было связать с этими событиями. Единственной целью этих «доказательств» было создание предвзятого мнения у суда.

Обвинение утверждало, что транспорт имелся для всех военнопленных, но при этом не могло назвать точное количество транспорта. Количество транспортных средств и топлива не было известно, поскольку они находились в распоряжении войск, и многие были уничтожены. Офицер, утверждавший, что транспорта было «достаточно» (майор Кинг (Maj. King)), в суд не явился, ограничившись «письменными показаниями». См. стр. 12.592–12.595, а также показания сержанта Муди (Sgt. Moody), стр. 12.578–12.590, и полковника Стаббса (Col. Stubbs), стр. 12.736–12.775.

Полковник Стаббс признал, что транспорта могло быть «достаточно» только в том случае, если бы каждый автомобиль совершил несколько поездок в оба конца (стр. 12.762–12.763).

Материалы защиты о военнопленных, подготовленные г-ном Фриманом (Mr. Freeman) (стр. 42.618–42.691), весьма впечатляют, однако качество некоторых доказательств, на которых те основываются, оставляет желать лучшего (стр. 27.117–27.963). К великому сожалению, Национальный архив США упорно отказывается отвечать на письма с просьбой предоставить фотокопии признаний в каннибализме или отчётов Красного Креста, в которых описываются отличные условия содержания военнопленных в японских лагерях.

Я провисел на запястьях 24 часа без пищи и воды

«Это, как правило, выдёргивало обе руки из суставов. Находясь в этом лагере, я лично провисел двадцать четыре часа в этом положении. Мне не давали ни пищи, ни воды» (стр. 12.607–12.608).

Я простоял двое суток на солнце без воды

«В другой раз австралийскому офицеру приказали простоять вне помещения четверо суток без пищи и воды. Он упал в обморок через двое суток, и его освободили» (стр. 13.040).

Меня пытали одиннадцать дней, затем подвесили за запястья на двое суток

«В течение последующих десяти дней меня били большой палкой... На одиннадцатый день мне залили в желудок воды, и когда желудок наполнился, япошки прыгнули на него, и я потерял сознание. Два японских солдата привели меня в чувство, облив холодной водой. Последующие двое суток я провисел на запястьях на перекладине, при этом мои ноги едва касались земли. К моим запястьям привязали провод, а к талии прикрепили зажим. Через эти провода пропускалось электричество, и мои руки и тело горели. От боли я постоянно кричал, и мне казалось, что мне в тело повсюду впиваются крюки. В течение двух суток через меня постоянно пропускали ток, давая пить лишь небольшие порции воды. Затем я потерял сознание...

Перед этим япошки обвинили меня в том, что я – британский шпион... Учитывая, что я не могу даже написать своё имя, я пытался показать, что это обвинение смехотворно» (стр. 13.109–13.110).

(Примечание. Эти отрывки взяты из письменных показаний, составленных на четырёх языках и подписанных людьми, якобы не умевшими писать.)

Ещё немного «военных преступлений»

«После питейной оргии япошки поймали свинью и дали ей слизать кровь с пола» (стр. 12.409).

(Взято из краткого описания «отчёта о военных преступлениях».)

«Когда они увидели тело 14-летней Фортунаты Салонги, лежавшей в откровенной позе, они попытались вступить с ней в половой контакт, несмотря на то, что она была мертва 8-10 часов и уже начала коченеть» (стр. 12.413).

(Взято из краткого описания «отчёта о военных преступлениях», содержащего различный пропагандистский бред, сочинённый коммунистами.)

Такое вот извращённое «соревнование». Интересно, еврейский холокост был «доказан» в такой же манере?

ПИСЬМО ОТ КАТЕРИНЫ КОЛОХЭН

(с комментариями Карлоса Портера)

Ваши жалкие потуги оправдать чудовищные злодеяния, совершённые национал-социалистами, были бы просто смешны, если бы та гнусная и опасная ложь, которую Вы распространяете, не была так легко доступна тем, кому не хватает критического мышления или элементарных знаний, чтобы понять, какой бред она из себя представляет. Кто бы мог подумать, что в интернете, расхваливаемом как будущее свободы информации, будет распространяться фашистская [!] пропаганда – вроде той, что Вы выложили на своём сайте и пытаетесь выдать за действительность!

Неужели Вы думаете, что все те евреи, которым удалось выжить [!], несмотря на шесть лет [!] немецких злодеяний [!], лгут или заблуждаются? Очевидцы,

[Карлос Портер: Какие очевидцы? Ян Карский? Миклош Ньисли? Филип Мюллер? Генрик Таубер?]

жившие сутками посреди зловония от горящих тел [!]

[К.П.: Печи крематориев не издают запаха и не производят дыма; сжигание трупов в ямах невозможно; сколько раз мне это повторять?]

или смотревшие, как шеренги людей исчезают в «душевых» [!]

[К.П.: А как насчёт доказательств? В любом случае, «газовые камеры» Освенцима были моргами.]

и появляются вновь в виде трупов, которые их собратья-евреи были вынуждены переносить в крематории?

[К.П.: Какие евреи? Дави Олер? Филип Мюллер? Миклош Ньисли?]

А может, Вы считаете, что наличие подобных крематориев в лагерях смерти говорит о пристрастии нацистов печь хлеб [!], а не сжигать тела невинных жертв? [!] [!]

[К.П.: Крематории были построены для кремации тел невинных жертв эпидемий, число которых достигало 200 человек в день. Кстати, если морги действительно использовались в качестве газовых камер, где же тогда были настоящие морги? Куда складывали тела, подлежащие кремации, если учесть, что пропускная способность крематориев была намного меньше той, которую называют евреи?]

Назовите хотя бы одну из причин, по которым евреям нужно было инсценировать исчезновение шести миллионов своих сородичей. [!]

[К.П.: Как насчёт того, чтобы иметь повод для создания государства-паразита под названием Израиль и отбирать сотни миллиардов долларов в товарах, деньгах, золоте и т.д. и т.п. у людей со всего мира, одурманенных лживой пропагандой? Разумеется, есть и другие причины, в основном финансовые. См.: Nahum Goldman, «The Jewish Paradox».]

Вы что, думаете, что евреи во время войны ехали загорать на Мадагаскар [!] *и всё это время были живы и здоровы? Куда, по-вашему, делись сотни тысяч жителей Варшавского, Краковского и других гетто?* [!]

[К.П.: См.: Walter Sanning, «The Dissolution of European Jewry».]

Неужели Вы не читали рассказы не только еврейских очевидцев, но и весьма редкой в то время породы – морально возмущённых немцев, таких как Оскар Шиндлер?

[К.П.: Шиндлер был еврейским жуликом, работавшим на немцев, которого похоронили в Израиле. Это лучшее, что у Вас есть? Признанный литературный вымысел?]

Этот немец проявил недюжинную сообразительность в обращении с краковскими евреями во время войны [!], *задолго до массовой галлюцинации солдат союзников, которые, согласно Вашим голословным утверждениям, будто бы ошибались, называя действия немцев преднамеренным уничтожением невинных заключённых. Неужели все солдаты союзников, освобождавшие концлагеря, заблуждались или хуже того – лгали?*

[К.П.: Заблуждались, вне всякого сомнения. То, что они были способны ещё и лгать (так же как и пытать подсудимых и свидетелей, заставляя их подписывать ложные заявления и признания), хорошо видно из улик и доказательств, сфабрикованных на сотнях процессов. Как насчёт процесса Мальмеди? И это не единственный пример. Почему бы Вам не почитать «Massacre a Malmedy» (Gerd. J. August Cuppens), «Crossroads of Death: The Story of the Malmedy Massacre and Trial» (James J. Weingartner), «Innocent at Dachau» (Joseph Halow) и множество других подобных книг? Одним из обвинений, выдуманных на процессе Мальмеди еврейско-американскими следователями, отбивавшими у допрашиваемых половые органы, было изнасилование немецкими солдатами трупов убитых американцев (гомосексуализм и некрофилия одновременно). В конце концов это обвинение было снято, но только по решению американской администрации. В противном случае это также бы считалось «доказанным фактом».]

Куда делись владельцы гор произведений искусства, личных вещей,

[К.П.: Личные вещи узников по прибытии в лагерь дезинфицировались, регистрировались и сдавались на хранение; то же самое происходит, если вы прибываете в тюрьму или армию в любой стране мира. Что касается владельцев, см.: Walter Sanning, «The Dissolution of European Jewry». Конечно, многие умерли, но наличие их вещей никоим образом не доказывает, что их убили, тем более в газовых камерах.]

зубов,

[К.П.: См. документ R-135.]

волос,

[К.П.: Вы имеете в виду 7 тонн волос, о которых упоминается в одном из сообщений советской Чрезвычайной комиссии (документ СССР-8), или же вы говорите о документе СССР-511?]

которые бросили удиравшие немцы? [!] [!] [!]

Если крематории использовались в менее зловещих целях, то почему тогда эсэсовцы, оставляя лагеря, взрывали их?

[К.П.: Фальшивая «газовая камера», демонстрируемая туристам в Освенциме I, не была взорвана. Освенцимские власти утверждают, что она настоящая, а вот «газовые камеры» были взорваны. Так была ли фальшивка из Освенцима I газовой камерой или нет? Одно из двух. Если какие-либо из этих строений использовались в качестве газовых камер, работавших на синильной кислоте, то даже если бы эти здания взорвали, это ничего бы не скрыло. Другие же крематории были взорваны для того, чтобы советская пропаганда не смогла использовать их в своих целях, как в Майданеке. Освенцим I был моргом, превращённым немцами в бомбоубежище в конце войны, а после войны – поляками и русскими – в «газовую камеру». Отверстия в крыше Освенцима II были проделаны уже после того, как здание было уничтожено. Нет отверстий – нет голохвоста. Читайте «Отчёт Рудольфа». Что действительно интересно, так это то, почему немцы не стали уничтожать освенцимскую документацию. Все документы этого лагеря сохранились. Читайте «Technique and Operation of the Gas Chambers» Ж.К. Прессака и множество опровержений этой работы со стороны Юргена Графа и Карло Маттоньо (к великому сожалению, монументальный труд Прессака нигде нельзя достать).]

Список животрепещущих вопросов, которые Вы упорно игнорируете, просто бесконечен.

[К.П.: То же самое можно сказать и о списке ревизионистских книг, написанных гораздо более компетентными, чем я, людьми, которые Вы вполне могли бы прочесть. Почему бы Вам не начать с «Отчёта Рудольфа»? Длинная версия этой работы долгое время имелась только на немецком, но сейчас её можно свободно скачать в интернете и на английском. Начните с короткой версии. Ответы на задаваемые Вами вопросы даются в сотнях, если не тысячах, книг, и ответить на них здесь просто нет возможности.]

Наглый лжец Мэтт Смит
[К.П.: Кто такой Мэтт Смит?]
утверждает, будто миллионы смертей были вызваны не преднамеренной политикой уничтожения, а плохим управлением лагерей со стороны немцев.

[К.П.: Они были вызваны бомбардировками железных дорог и фармацевтических заводов со стороны союзников, куда входило также сбрасывание фосфора на школьников и обстрел пулемётным огнём беженцев, включая женщин и детей, а также трудившихся на полях крестьян.]

Неужели Вы так и не удосужились ознакомиться с документами, изданными отделом D в Ораниенберге во время войны, где говорится об обращении с еврейскими узниками и о том, что их ждало,

[К.П.: Пожалуйста, приведите конкретную цитату. В любом случае, Гиммлер издал приказ о снижении смертности любой ценой; для получения дополнительной информации обращайтесь к Дэвиду Ирвингу.]

или с первоначальным провозглашением нацистской политики, печально известным «Майн кампфом»? [!]

[К.П.: Пожалуйста, приведите конкретную цитату. О каком отрывке идёт речь? Одно из двух: либо голохвост был настолько секретным, что никаких документов, доказывающих его, нет, либо же он был общеизвестным, и «Майн кампф» и публичные речи Гитлера можно использовать в качестве доказательства такового. Так как: холокост был секретным или проводился открыто?]

Разве Вы не согласны, что нацистские намерения стали чётко проявляться в 1930-х годах: в быстро растущем преследовании еврейского населения и лишении его гражданских прав, в «Хрустальной ночи» [!]*, в обязательном ношении* [жёлтой] *звезды* [Давида]*, в гетторизации?* [!]

[К.П.: Ношение жёлтой шестиконечной звезды было альтернативой интернированию. Национал-социалистические меры во многом копировались с сионистов, при участии последних; Нюрнбергские законы были написаны в сотрудничестве с главным раввином Берлина, и аналогичные законы существуют в сегодняшнем Израиле. Что касается «геттоизации», то евреи сами себя всегда «геттоизировали»; недаром иудаизм был очень точно назван «гетто ума». См.: Joseph Black, «The Transfer Agreement: The Dramatic Story of the Pact between the Third Reich and Jewish Palestine», Ingrid Weckert, «Eine Geschichte der Auswanderung der Juden aus dem Dritten Reich».]

Чего Вы надеетесь добиться, отрицая, что Холокост имел место? [!] Это не первый и, судя по недавним событиям в Косово [!] и Руанде [!], не последний случай, когда люди убивают друг друга в огромном количестве. [!]

[К.П.: Косовские беженцы появились в результате натовских бомбардировок; массовые убийства в Руанде были неизбежным результатом хаоса, вызванного деколонизацией, то есть буйного роста чёрного населения и чёрного господства. Заметьте, что злодеяния коммунистов, сионистов, «демократов» и чёрных африканцев против белого населения никого не интересуют. Почему никто не говорит о том, что сегодня в ЮАР зверски убивают белых фермеров?]

Кроме того, отрицание Холокоста – это не только чудовищное оскорбление памяти миллионов невинно убиенных или же чудом оставшихся в живых – лишь для того, чтобы передать людям ужасы национал-социализма и «лагерей смерти»

[К.П.: Если это действительно были лагеря смерти, почему тогда столько людей осталось в живых?]

(Вы что, действительно хотите сказать, что все эти люди лгут?) [!] –

[К.П.: Многие из них – да. Почитайте, например, цитаты из «Чёрной книги». Некоторые – нет. Фрейд считал, что истерия – это расовая характеристика евреев; галлюцинации же – симптом тифа. Многие из «доказательств», на мой взгляд, – обычная коммунистическая пропаганда; посмотрите, хотя бы, на сноски в любой стандартной работе по голохвосту – например, в «Уничтожении европейского еврейства» Р. Гильберга.]

но и ведёт к случаям вроде тех, что имели место в Колумбинском колледже, когда группа молодчиков,

[К.П.: Один из них, Клебольд (Klebold), был евреем-иудеем, внуком состоятельного еврея-филантропа] *начитавшись материала с ненормальных фашистских сайтов вроде Вашего,* [!] [!] [!]

[К.П. Вообще-то они насмотрелись «Прирождённых убийц» еврея Оливера Стоуна. И наигрались в видеоигру «Дум». Насилие вызывает такое же привыкание, как и порнография. Кстати, и то, и другое производится и распространяется евреями, получающими с этого многомиллиардные барыши.]

решила расстрелять тринадцать невинных людей. [!]

[К.П.: Хм, сначала утверждалось, что жертв было 25. Теперь их число уменьшилось до 13. Что может быть проще, чем взять и подсчитать трупы в американском колледже? Вот вам хороший пример журналистской неточности.]

Наверное, Вы оправдываете их действия [!]

[К.П.: Конечно нет; по-моему, очень жаль, что они покончили жизнь самоубийством. Казнь через повешение тоже была бы слишком мягким наказанием для них – так же, как и для малолетних убийц из Джонесборо (Jonesboro), штат Арканзас. Одному из них было 13 лет, другому – 11. Эти милые ребятишки наслушались рэпа и вообразили, что они – члены «Крипс энд Блодс» – подростковой негритянской банды из Чикаго. На мой взгляд, немалая вина за эти события лежит на контролируемых евреями СМИ, но и те, кто совершает эти преступления, тоже заслуживают наказания – например, в виде популярного среди негров «ожерелья». Вот оно, поэтическое правосудие! Настало время, чтобы обезумевшие от рэпа, почитающие негров, наигравшиеся в агрессивные компьютерные игры евреи (вроде того же Клебольда) узнали разницу между иллюзией и действительностью, даже если они – всего лишь «дети».]

и считаете, что такие люди, как Вы [!], *не должны нести моральной ответственности,* [!]

[К.П.: Я не контролирую американские газеты и телевидение, развлекательные программы и рекламу. Я не контролирую порнографию и агрессивные компьютерные игры. Я не зарабатываю сотни миллиардов долларов, бесконечно запихивая американцам в глотку всякую гадость, в основном еврейского происхождения.]

но тогда Вы – один из тех, кто пытается оправдать отвратительные и варварские действия Третьего рейха [!],

[К.П.: А как насчёт отвратительных и варварских действий Израиля в отношении палестинцев, творящихся прямо в этот момент?]

так что Вы явно живёте в некоем морально-нравственном вакууме. Скажите, неужели Вы и впрямь полагаете, что выделяя невероятные методы убийства, приводившиеся в Нюрнберге, Вы сделаете их несостоятельными? [!] [?]

[К.П.: Сделаю несостоятельным что? Вы что, действительно считаете, что паровые камеры, электрические камеры, вакуумные камеры и прочие нелепые выдумки (в основном советского происхождения) не дискредитируют Нюрнбергский процесс – хотя бы на самую малость?]

К сожалению, именно поэтому Холокост будет и дальше жить в памяти человечества [!],

[К.П.: Сто процентов – евреи ведь и дальше будут выпускать тысячи книг, комиксов, фильмов и телепередач о своих «стг'аданиях», многие из которых будут явным литературным вымыслом. По западному телевидению круглосуточно крутят передачи о «бедных, несчастных евреях» и их «бесконечных страданиях». Вам не кажется, что это уже слишком?]

ибо размах нацистских злодеяний и причинённых ими страданий просто не имеет себе аналогов в человеческой истории. [!]

[К.П.: Да неужели? В той же библии содержится 137 описаний массовых убийств, совершённых евреями по поручению их бога. Сталин убил в 10 раз больше людей, чем Гитлер, – даже если допустить, что «холокост» действительно имел место. Я уже не говорю о коммунистических злодеяниях, совершённых после смерти Сталина (см.: Stephane Courtois и др., «The Black Book of Communism»). Не хотите ли вместе со мною обличать коммунизм? Или это еще одно доказательство моего «антисемитизма»?]

Это были не люди, а самые настоящие звери.

[К.П.: А как насчёт НКВД, тон в котором всегда задавали евреи – Ягода, например? Ягода не был зверем? Почитайте тот же «Архипелаг ГУЛаг» хотя бы. А что Вы скажете об израильском террористе Менахеме Бегине, вырезавшем всех жителей палестинской деревни Дер-Яссин, включая женщин и детей? Он был человеком?]

Если Вы будете высмеивать эти факты, это не сделает их лживыми. [!]

[К.П.: Скажите, что лично Вы думаете о «паровых камерах»? Обратите внимание, что техническое оборудование было описано более чем подробно. То, что евреев будто бы убивали паром, не было обычным слухом; это была преднамеренная ЛОЖЬ.]

По-моему, Вы не только никудышный историк, но и весьма порочный человек. [!]

[К.П.: От порочного человека и слышу. Приятно познакомиться. Кстати, Колохэн (Colohen) — это, случайно, не еврейская фамилия? Вообще, чем я обязан такой чести?]

Советую Вам поглубже заглянуть в свою душу, чтобы узнать, почему Вы пытаетесь отрицать эти события.

[К.П.: Уже заглянул. Я зову это любовью к истине — любовью, смешанной с гневом за уничтожение моей расы, моего народа, моей цивилизации, моей культуры, моей истории, будущего моих детей, не говоря уже о резком отвращении к постоянному зацикливанию на еврейских «страданиях» — настоящих или вымышленных. Я не имею ничего против бывших заключённых концлагерей. Уверен, что многие из них были порядочными людьми. Однако они не были единственными, кому тогда было тяжело. Никто не сбрасывал на них фосфор или отверждённый бензин (не считая случая(ев) в конце войны, когда их разбомбили американцы — более или менее по ошибке). В немецких лагерях заключённые ходили сытыми и обутыми, имели санитарные удобства, центральное отопление, медицинское обслуживание. Они жили вполне хорошо вплоть до конца войны, хотя, конечно, им приходилось тяжело работать (по 10-11 часов в день). Не могли бы Вы объяснить, почему у некоторых из них был ИЗБЫТОЧНЫЙ ВЕС в конце войны? Одним словом, я ничего не имею против многих бывших узников концлагерей лично, но мне надоели их бесконечные страшилки, галлюцинации и сопли. Помню, как я однажды спросил одного американца японского происхождения о том, каково ему было во время войны в концентрационном лагере (американском), на что он мне ответил: «Ну, если бы не лагерь, меня бы, наверно, забрали в армию, и, возможно, я бы вообще не вернулся домой». Чувствуете разницу? У японцев есть чувство собственного достоинства.]

Наверное — как и в случае с большинством других отрицателей, — размах нацистских злодеяний настолько ошеломил Вас, что Вы решили жить в отрицании, нежели принять то, что люди могут быть крайне бесчеловечными [!].

[К.П.: Не знаю, как Вы, но лично я прекрасно осведомлён о том, что люди могут быть «крайне бесчеловечными». Скажите, Вы читали «Голодомор» Мирона Долота, «The Destruction of Dresden», «Gruesome Harvest», «The Great Terror», «The Black Book of Communism», «Ta Ta, Tan Tan: The Inside Story of Communist China» (Valentin Chu) и т.д. и т.п. или, из более недавних книг, «Eye for an

Eye» (John Sack), «Other Losses or Crimes and Mercies» (James Bacque)? И таких книг – тысячи. Почему бы Вам, прежде чем писать подобные письма, не подучить историю XX века?]

Если же Вы решите и дальше распространять всю эту гнусную ложь,

[К.П.: Этот сайт содержит, в основном, фотоснимки. Вы что, хотите сказать, что я подделал фотографии страниц из сборника материалов Нюрнбергского процесса? Пожалуйста, приведите конкретные примеры.]

то я хотела бы увидеть в ближайшем будущем на Вашем сайте это письмо и Ваш ответ на него, не уважаемый мною фашист [!].

К.П.: Вы уже в третий раз называете меня фашистом. Этот термин используют, как правило, одни коммунисты. Вы, случайно, не коммунистка? Может, розовая? А как насчёт «сочувствующей коммунистам»? Видите, я тоже умею навешивать ярлыки, хотя до евреев мне, конечно, далеко; они – признанные мастера в этом деле. Как бы то ни было, национал-социалисты не были фашистами. Если хотите, я могу написать статью о фашистах, чтобы Вы смогли почувствовать разницу. Что у фашистов и национал-социалистов было общее, так это любовь к своей стране, любовь к традициям, религии, семье, желание осуществить социальную реформу, ненависть к коммунизму.

Это ревизионистский сайт. Ревизионизм – не идеология; он основывается на фактах. Большинство ревизионистов – учёные: инженеры, химики и т.д. Каждому есть что привнести в общее дело, и как раз благодаря тому, что это не идеология. Одни ревизионисты – христиане, которые считают, что лгать о каком бы то ни было народе – это грех. Другие ревизионисты – патриоты, которые считают, что ложное чувство вины разрушает их расу, их народ, их культуру, их религию. Третьи – традиционалисты, которые считают, что исключительное увлечение евреями разрушает все расы, все народы, все культуры, все религии. Среди ревизионистов есть католики, протестанты, атеисты, евреи, мусульмане, левые, социалисты и, что несколько удивительно, очень много бывших сторонников коммунистов. Небольшая часть из них (очень небольшая) – национал-социалисты. Дважды два – четыре, даже если это утверждает нацист. Никто не станет называть Вас атеистом или «антихристианином», если Вы скажете, что Туринской плащанице – всего 700 лет. Вы действительно хотите узнать ответы на эти вопросы, или Вы просто хотите поспорить?

Если Вы хотите узнать ответы, то вот список основных издателей ревизионистской литературы:

Castle Hill Publishers, PO BOX 118, Hastings, TN22 1ZY, UK

Historical Review Press, PO BOX 62, Uckfield, TN22 1QL UK

Institute for Historical Review, PO BOX 2739, Newport Beach CA 92659 USA

B.P. 256, B-1050 BRUSSELS-5, BELGIUM

ERNST ZÜNDEL, 3152 PARKWAY, SUITE 13, PMB 109, PIGEON FORGE, TN 37863 USA, ezundel@zundelsite.org

Focal Point Publishing, 81 Duke St., London W1M 5DJ UK.

Рекомендую также: «The Truth at Last», PO Box 1211, Marietta, GA 30061 USA. Это не чисто ревизионистский журнал, но, тем не менее, в нём приводятся первоисточники с пояснениями (как и на моём сайте), и, кроме того, у его издателей есть дар излагать сложные вещи очень простыми словами. Следующий отрывок взят из № 410, стр. 7:

«Тайный лидер, стоящий за заговором по разоружению каждого американца, – еврей Йошуа Хоровиц (Joshua Horowitz). Он возглавляет вашингтонскую "Палату по разрешению конфликтов, связанных с применением огнестрельного оружия" (Firearms Litigation Clearing House). Хоровиц заявил: "Мы верим, что когда-нибудь суд присяжных признает, что оружейная промышленность умышленно продаёт оружие преступникам. Тогда мы сможем уничтожить их финансово".

Хоровиц был председателем Чикагской конференции против огнестрельного оружия. Второй по значимости участник этого заговора – Лоуренс Трайб (Laurence Tribe) из Гарвардской юридической школы. Интересно, что он также еврей. Евреи являются наиболее могущественной группой, пытающейся добиться запрета на продажу огнестрельного оружия в США. При этом Израиль является наиболее вооружённым государством в мире, где чуть ли не каждый гражданин владеет огнестрельным оружием!»

Пробные экземпляры стоят 1 доллар. Подписка обойдётся вам в 18 долларов в год, даже если вы живёте не в США. Адрес в интернете: http://www.stormfront.org/truth_at_last/index2.htm

С наилучшими пожеланиями,
Карлос Портер.

РАЗЛИЧИЯ МЕЖДУ ФАШИСТАМИ И НАЦИОНАЛ-СОЦИАЛИСТАМИ

Строго говоря, фашистами были только последователи **Муссолини**.

Национал-социалисты верили в первичность расовых факторов и дефицитное расходование (превышение расходов над доходами). Фашисты же (и их различные иностранные подражатели) уделяли мало внимания (или совсем не уделяли) расе, нередко были настроены враждебно к расовым доктринам вообще и к национал-социализму в частности и, как правило, верили в сбалансированный бюджет (равновесие между доходами и расходами).

Когда король Италии в 1922 году назначил Муссолини главой государства, Италия ещё не оправилась от Первой мировой войны, унёсшей жизни 1,5 миллиона итальянцев; государственные субсидии на хлеб грозили окончательно уничтожить итальянскую лиру (подобно тому, как репарации в Германии едва не уничтожили немецкую марку), однако отменить их было нельзя, так как это считалось политически неприемлемым; у 180 тысяч железнодорожных служащих не было работы, однако уволить их также было нельзя; производство стояло, так как марксистские профсоюзы заняли все фабрики и заводы и отказывались работать или уволиться; некоторые области Италии почти целиком опустели из-за жёлтой лихорадки или каменистой, неплодородной почвы и недостаточного орошения; проекты по орошению земель и осушке болот стояли незавершёнными ещё со времён Древнего Рима. Муссолини удалось сбалансировать уже первый свой бюджет и решить все эти проблемы всего за несколько лет, повысив рождаемость в стране и дав людям работу. Эти значительные достижения и сделали фашизм очень популярным – по крайней мере, в начале.

* * *

Аналогичные примеры можно привести почти для всех националистических режимов. Так, **Салазар** в Португалии сбалансировал свой первый бюджет после десятилетий «демократического» хаоса: 3 революций, 18 вооружённых мятежей, 40 смен правительства, восстаний, вторжений, политических убийств, террористических актов, бунтов во всех колониях, преследования церкви, конфискации всего церковного имущества, изгнания религиозных орденов, выполнявших все функции современного государства всеобщего благосостояния (государства с системой социального обеспечения, бесплатным обучением и т. п.) (в стране, где католики составляли 90% от населения), и т.д. и т.п. «...14 мая [1915 г.] моряки подняли бунт, застрелили капитанов суден «Альминанте Рейш» и «Васко да Гама» и обстреляли Лиссабон... революционные комитеты назначили премьером Сеньора Чагаса (Senhor Chagas), но 16 мая он был застрелен... в поезде по пути в Лиссабон сенатором Жоао де Фрейташем (João de Freitas), которого убили... 5 декабря 1917 г. в Лиссабоне... началась революция... восставшие окопались в парке им. Эдуарда VII и открыли артиллерийский огонь по флоту... моряки-радикалы подняли бунт 8 января [1918 г.] и обстреляли Лиссабон... 14 декабря [1917 г.] президент Паэш (Paes) был застрелен на станции Росио (Rocio) Жосе-Жулио да Коштой и умер через несколько минут... В Лиссабоне моряки и карбонарии [крайне левые экстремисты, схожие с отрядами «чекас» времён Гражданской войны в Испании] в феврале [1919 г.] потребовали передачи власти Советам и отмены государственной полиции. Имело место несколько ожесточённых уличных стычек и серьёзных террористических актов, в том числе сожжение здания правительства... в октябре 1921 г. акты варварства увенчались хладнокровным убийством премьера Гранжо (Granjo), основателя Республики Мачадо Сантуша (Machado Santos) и других видных деятелей. Появление иностранных боевых кораблей в Тагуше [Tagus] произвело должный эффект и на некоторое время усмирило убийц... сменявшиеся правительства теряли контроль над финансами. Ни одно из правительств не было достаточно сильным для того, чтобы поднять внутренний заём, пересмотреть систему налогообложения или взимать налоги на прибыль от военных действий... налоги выплачивались в ничего не стоящих бумажных деньгах; при этом правительству приходилось закупать пшеницу и выплачивать национальный долг золотом... дороги... портились... государственная железная дорога находилась в аварийном состоянии, и в итоге было решено, что дешевле импортировать пшеницу непосредственно из Аргентины, нежели делать поставки на север Португалии из Алемтежо [Alemtejo; центральная Португалия, восточнее Лиссабона]».

Салазар реформировал экономику, сбалансировал бюджет, 42 года управлял страной с бюджетными излишками, инвестировал остатки доходов в национальную промышленность, общественные сооружения, общественное жильё, школы, почти бесплатные студенческие общежития, мосты, транспорт и другие внутренние проекты, не имея при этом ни цента внешнего долга. Система Салазара основывалась на энцикликах римского папы Леопольда XIII. Одним из самых крупных достижений Салазара было то, что ему удалось сохранить нейтралитет в двух войнах, которые вполне могли уничтожить Португалию: в Гражданской войне в Испании и Второй мировой войне.

«Хоть Лиссабон и не такой богатый, как, например, Нью-Йорк, в нём не было (по крайней мере, в 1968 году) районов бродяг и алкоголиков». (James Earl Ray, «Tennessee Waltz: The Making of a Political Prisoner», St. Andrews's Press, 1987, p. 86.)

* * *

Что касается франкистской Испании, то до сих пор остаётся загадкой, откуда там брались деньги на управление страной, так как испанцы при **Франко** почти не платили налогов. Тем не менее именно франкистский режим реализовал все схемы по общественным сооружениям, модернизировавшие страну. Именно Франко учредил первые в стране промышленные суды (суды по трудовым делам), создал социальные системы и системы охраны труда*, ввёл пособия по безработице, вдовьи пособия и т.д. Настоящие испанские и португальские «фашисты» (национал-синдикалисты) никогда не считали Франко и Салазара фашистами; более того, они организовывали заговор против последних и даже пытались убить или свергнуть их несколько раз, в результате чего некоторые из них оказались в тюрьме или были изгнаны из страны (Мануэль Эдилья (Manuel Hedilla) в Испании, Ролао Прето (Rolão Preto) в Португалии). Франко не доверял ни Гитлеру, ни американцам. Салазар был настроен пробритански и верил в расовую интеграцию.

* Ниже приводится небольшой образец франкистского социального законодательства, целью которого была защита рабочих и учеников (подмастерьев). Всё это законодательство действует до сих пор, однако о его происхождении мало кому известно. Обратите внимание на даты. Молодые рабочие до сих пор могут участвовать в оплачиваемых туристических походах как члены Молодёжного фронта (Frente de Juventudes), который, предположительно, был «очищен» от всего франкистского патриотического содержания. Первоначальной целью испанского Молодёжного фронта (так же как и германского Гитлерюгенда) было вытащить молодёжь из трущоб и деревень, уничтожить классовые предрассудки, показать бедной молодёжи другие области Испании (Германии), снизить детскую смертность (уча девушек стерилизовать детские бутылочки) и т.д. и т.п.

Д – Декрет; например, Д-6.8.38 – Декрет от 6 августа 1938 г. (гражданская война в Испании закончилась лишь 28 марта 1939 года со взятием Мадрида)

В среднем столбце приводится дата официальной публикации в «Официальном государственном бюллетене» (сборнике законов)

Д-4.8.38	6.8.38	Введение обязательной регистрации и подписи на договорах ученичества на биржах труда
Д-23.9.39	5.10.39	Введение обязательного ученичества в промышленности
Д-23.2.40	27.2.40	Создание школ ученичества в частной промышленности
Д-7.3.41	11.3.41	Выдача разрешений мастерам и хозяевам цехов для поощрения ученичества
Д-20.4.42	26.4.42	Об отношениях между учениками, Биржей труда и Молодёжным фронтом, с целью применения декрета Д-6.21.41
Д-16.7.42	21.7.42	О понятии ученичества
Д-11.11.43	23.11.43	Об учреждениях, предоставляющих профессионально-техническое образование
Д-31.3.44	11.4.44	О договорах ученичества, раздел III, том II Закона о трудовых договорах
Д-29.12.45	6.1.46	Введение 20-дневного отпуска для несовершеннолетних рабочих
Д-27.4.46	30.4.46	Об обеспечении рабочих моложе 21 года спецодеждой
Д-2.6.60	23.6.60	Запрет ночной работы для несовершеннолетних моложе 18 лет

* * *

Неправда, что эти режимы никогда не были популярными. В Аргентине Хуана **Перона** свергали дважды, и оба раза он возвращался к власти. В октябре 1945 года 200 тысяч его сторонников вошли в Буэнос-Айрес и сделали страну неуправляемой. Перон был выпущен из тюрьмы, провёл выборы и одержал на них сокрушительную победу. Через десять лет его снова свергли. Будучи в изгнании, он давал своим сторонникам указания опускать на выборах в урны пустые бюллетени, так что в итоге пустые бюллетени перевешивали все остальные. У **Пиночета** в Чили до сих пор имеется одна из крупнейших политических партий. Пиночет провёл выборы, проиграл их, договорился о возврате к демократии и добровольно отдал власть – единственный случай дипломатии подобного рода в истории. Это всё факты, которые может проверить любой.

* * *

Дополнение. Если вы сомневаетесь, что Пиночет пользовался (и до сих пор пользуется) большой поддержкой, то вы можете зайти на YouTube и задать в поиске «homenaje a pinochet» («дань уважения Пиночету»), «gracias pinochet» («спасибо, Пиночет!») или «pinochet discurso» («речь Пиночета»); вы найдёте там кучу материала, в основном положительного характера. Если же вы наберёте «homage to bush», «thanks bush» или «bush speech», то большинство клипов будут негативного содержания. Где же Пиночет сейчас – когда он нам так нужен? Я восхищаюсь Пиночетом за то, что он сверг правительство (не всегда плохая идея), но не обязательно за всё то, что он сделал потом. В Библии (Еккл. 3:3) сказано: «Время убивать и время врачевать»; там не говорится: «Время приватизировать всё подряд и время пытать людей». – К.П.

Раньше всегда считалось само собой разумеющимся, что в любом государстве должна существовать собственная промышленность и его население должно быть трудоустроено, – до тех пор, пока не появились «гении»-евреи, «доказавшие», что государство может зависеть от своих врагов, которые будут производить для него всё необходимое; при этом страна должна наполняться ничего не производящими иностранцами.

[Источники: «Британская энциклопедия» (изд. 1922 и 1928 гг.); «Collier's Encyclopedia» (1966 г.); различные книги и периодические издания.]

НЕВИНОВНЫЕ В НЮРНБЕРГЕ

Слово в защиту подсудимых

Предисловие

Переписывание истории так же старо, как и сама история. Например, в «Анналах» Тацита (кн. XV, 38) упоминается слух о том, что Нерон поджёг Рим. Более поздние римские историки превратили этот слух в факт (Светоний, «Нерон», кн. V, 38; Дион Кассий, «Эпистола», кн. LXII; Плиний Старший, «Естественная история», кн. XVII, 5). Более поздние исследователи, в свою очередь, поставили под сомнение этот «факт» и превратили его обратно в слух.

В 1946 году считалось «доказанным фактом» то, что нацисты делали мыло из человеческого жира (Приговор Нюрнбергского процесса, IMT I 252 [283]; VII 597-600 [656-659]; XIX 506 [566-567]; XXII 496 [564]). Впоследствии, однако, этот «факт» также превратился в слух (см., например: Р. Хильберг, «Уничтожение европейских евреев», «окончательно пересмотренное и исправленное издание», Нью-Йорк: Holmes and Meier, 1985, стр. 966: «Источник слуха о мыле из человеческого жира неизвестен до сих пор»).

Слух этот, похоже, имеет советское происхождение. В гаагском Дворце мира выставлен большой сосуд с таинственным вонючим предметом, который никогда не сдавался на экспертизу (вещественное доказательство СССР-393). Работники Дворца демонстрируют его любознательным посетителям и говорят, что это и есть мыло из человеческого жира, но, похоже, не желают отвечать на письма тех, кто спрашивает, было ли подвергнуто это «мыло» научному исследованию.

В 1943 году ходили слухи о том, что нацисты убивают евреев паром, электричеством, газом, выкачивая воздух из помещения, варя и жаря их живьём (см., например, «The Black Book: The Nazi Crime Against the Jewish People», Нью-Йорк, 1946, стр. 270, 274, 280, 313; данная книга была предъявлена Нюрнбергской комиссии в качестве доказательства); к 1946 году газации стали «фактом», в то время как убийства при помощи пара, электричества, выкачивания воздуха, варки и жаренья остались обычным слухом. (Примечание. Убийства при помощи пара были «доказаны» на Процессе Поля, 4-й Нюрнбергский процесс, NMT IV 1119-1152.)

«Доказательства» того, что нацисты убивали евреев газом, с качественной точки зрения ничуть не лучше «доказательств» того, что евреев убивали посредством пара, электричества, варки, жаренья или выкачивания воздуха; будет вполне справедливо поставить под сомнение и эти «доказательства».

Данная работа представляет собой не переписывание истории, а всего лишь руководство по давно забытому историческому материалу. 312.022 нотариально засвидетельствованных письменных показания, представленные защитой на Нюрнбергском процессе 1945-1946 годов, были забыты, зато 8-9 письменных показаний со стороны обвинения, «опровергнувших» их, помнят до сих пор (XXI 437 [483]).

В данной работе содержится множество ссылок на номера томов и страниц. Речь идёт о сборнике материалов Нюрнбергского процесса (см. ниже в примечаниях). Эти ссылки приводятся не для того, чтобы смутить, запутать или впечатлить читателя или доказать справедливость приводимого утверждения, а для того, чтобы читатель смог легче найти нужный материал.

Вопрос о том, являются ли аргументы защиты более правдоподобными, нежели «доказательства», представленные обвинителями на различных процессах над «военными преступниками» (мыло из человеческого жира (документ СССР-197), носки из человеческих волос (документ СССР-511), бутерброды из человечины (вещественное доказательство 1873, Токийский процесс) и т.д. и т.п.), предоставляем на усмотрение читателя.

Примечания

IMT (International Military Tribunal) – главный Нюрнбергский процесс, проведённый четырьмя странами.

NMT (National Military Tribunal) – последующие (малые) Нюрнбергские процессы, проведённые только США (12 процессов).

Если не указано обратное, все номера страниц приводятся по американскому изданию материалов Нюрнбергского процесса (IMT); в квадратных скобках приводятся ссылки на немецкое издание.

Сборник материалов Нюрнбергского процесса на английском языке в 42 томах можно скачать в интернете на сайте «Military Legal Resources»:
http://www.loc.gov/rr/frd/Military_Law/NT_major-war-criminals.html

«Преступные» организации

Материалы защиты по так называемым «преступным организациям» состоят из устных показаний 102 свидетелей и 312.022 нотариально засвидетельствованных письменных показаний, данных под присягой (XXII 176 [200]).

Термин «преступный» так никогда и не был определён (XXII 310 [354]; см. также: XXII 129-135 [148-155]). Не было также точно установлено, когда эти организации стали «преступными» (XXII 240 [272-273]).

Что касается нацистской партии, то она стала преступной либо в 1920 году (XXII 251 [285]), либо, возможно, только в 1938 году (XXII 113 [130]), а, может, она никогда и не была преступной (II 105 [123]).

Как уже говорилось, Нюрнбергской «комиссии» были представлены 312.022 нотариально засвидетельствованных письменных показания, однако в судебных записях Нюрнбергского процесса они отсутствуют. Национальный архив, находящийся в Вашингтоне, протоколами заседаний «комиссии», в которых были бы зафиксированы эти показания, не располагает, никогда не слышал о таковых и даже не знает, что это такое, – не говоря уже о том, где их можно найти.

Из 312.022 письменных показаний на английский было переведено только несколько десятков, так что Трибунал не смог их прочесть (XXI 287, 397-398 [319, 439]). Председатель Трибунала Джеффри Лоренс, по-немецки, как известно, не понимал, так же как и Роберт Джексон, главный обвинитель от США.

Из-за «изменений в правилах», внесённых в последний момент (XXI 437-438, 441, 586-587 [483-485, 488, 645-646]), по техническим причинам было отклонено множество других письменных показаний (XX 446-448 [487-489]).

«Комиссия» составила так называемые резюме, которые и были переданы Трибуналу (десятки тысяч письменных показаний о гуманном обращении с заключёнными и т.д.). К материалам дела эти резюме приобщены не были. Трибунал пообещал прочесть все 312.022 письменных показания, прежде чем выносить свой вердикт (XXI 175 [198]). Через 14 дней было объявлено, что эти 312.022 письменных показания являются недостоверными (XXII 176-178 [200-203]).

Было решено, что 1 (одно) письменное показание, представленное обвинением (документ D-973), опровергает 136.000 (сто тридцать шесть тысяч) письменных показаний, представленных защитой (XXI 588, 437, 366 [647, 483-484, 404]).

Что касается 102 свидетелей защиты, то их заставили сначала дать показания перед «комиссией», после чего только двадцати девяти (XXI 586 [645]) или, согласно другим сведениям, двадцати двум (XXII 413 [468]) из них позволили выступить непосредственно на суде. При этом им запрещалось давать «совокупные» показания, то есть они не должны были повторять показания, данные ими перед «комиссией» (XXI 298, 318, 361 [331, 352, 398-399]).

Затем было решено, что показания всех 102 (ста двух) свидетелей защиты опровергаются 6 (шестью) письменными показаниями, представленными обвинением (XXI 153 [175]; XXII 221 [251]).

Одно из этих показаний было составлено на польском языке, так что защита не смогла его прочесть (XX 408 [446]). Ещё одно было подписано евреем по имени Шлома Гол, утверждавшим, что он собственноручно выкопал и сжёг 80.000 трупов, в том числе труп своего брата (XXI 157 [179]; XXII 220 [250]) (согласно британскому изданию материалов Нюрнбергского процесса, Гол выкопал «только» 67.000 трупов). Однако, ещё до того, как это заявление было предъявлено, обвинение уже прекратило представление доказательств (XX 389-393, 464 [426-430, 506]; XXI 586-592 [645-651]).

Впоследствии, в своём окончательном заключении, обвинение заявило, что суду было представлено 300.000 письменных показаний под присягой, принимавшихся к сведению по ходу процесса, создав тем самым впечатление, что это были документы обвинения (XXII 239 [272]). В действительности же за весь процесс обвинение представило лишь несколько по-настоящему ценных письменных показаний (см. например: XXI 437 [483], где трём сотням тысячам показаний защиты обвинение противопоставляет восемь или девять письменных показаний; см. также: XXI 200 [225], 477-478 [528-529], 585-586 [643-645], 615 [686-687]).

На различных процессах по делу концентрационных лагерей – например, на процессе Мартина Готфрида Вайсса – была установлена следующая нехитрая процедура: обычная работа в лагере, пусть даже в течение нескольких недель, является «конструктивным (правом предполагаемым) знанием» «Общего плана». Что собой представляет этот «Общий план», не уточнялось. Слова «заговор» старались, как правило, избегать с целью упрощения судопроизводства. Таким образом, можно было не приводить возможные случаи жестокого обращения, так же как и доказывать, что кто-либо умер в результате жестокого обращения. В итоге на процессе Мартина Готфрида Вайсса к смерти было приговорено 36 из 40 подсудимых.

Протоколы заседаний Нюрнбергской «комиссии» хранятся в Гааге, во Дворце мира, занимая половину несгораемого сейфа высотой с помещение. Показания каждого свидетеля были напечатаны на машинке и пронумерованы каждое в отдельности, а затем перепечатаны на тысячах страниц со сплошной нумерацией. Первые черновики и чистовики были разложены по папкам и сшиты ржавыми скобами с очень ломкой бумагой. Нет никаких сомнений, что этот материал никто никогда не читал – по крайней мере, в Гааге.

Резюме показаний 102 свидетелей напечатаны, главным образом, в томах XXI и XIII материалов Нюрнбергского процесса мелким шрифтом. Мелкий шрифт означает, что эти места были вырезаны из заключительной речи защиты (в противном случае, суд, согласно обвинению, занял бы гораздо больше времени). Данные материалы занимают несколько сотен страниц. Сборник материалов процесса, изданный в Великобритании, не содержит ни одного слова из этих материалов. В американском издании отсутствуют 11 страниц мелкого шрифта между параграфами 1 и 2 на стр. 594, том XXI. Они, однако, имеются в немецком сборнике (XXI 654-664). Похоже, что американское и немецкое издание являются более-менее полными.

Помимо прочего, в вышеуказанных материалах содержатся доводы по:
– тотальной войне (XIX 25 [32]);
– репарациям (XIX 224-232 [249-259]);
– немецким профсоюзам (XXI 462 [512]);
– гестапо и концентрационным лагерям (XXI 494-530 [546-584]);
– путчу Рема (XXI 576-592 [635-651]);
– Кристальной ночи (XXI 590-592 [649-651]);
– переселению (XXI 467-469, 599-603 [517-519, 669-674]);
– СД (службе безопасности; XXII 19-35 [27-47]);
– вооружению (XXII 62-64 [75-78]).

312.022 письменных показания хранятся, по-видимому, в каком-то немецком архиве.

Приговор Трибунала напечатан дважды, в томах I и XXII. Автор настоятельно рекомендует приобрести немецкое издание и прочитать приговор на немецком языке в томе XXII. Можно будет увидеть, что неправильные немецкие фразы и ошибки перевода, принадлежащие американцам, были в немецком издании исправлены и приведены вместе с подстрочными примечаниями. Ошибки подобного рода, содержащиеся в документах, можно считать доказательством подлога.

Вообще, немецкое издание материалов Нюрнбергского процесса предпочтительнее американского. В немецкой версии содержится множество примечаний, предупреждающих читателя о неверном переводе, отсутствующих документах и поддельных копиях (например, в томе XX немецкого издания на стр. 205 напечатано: «В оригинальном документе данная фраза отсутствует»).

Немецкое издание материалов Нюрнбергского процесса в мягком переплёте (22 тома, только стенограммы заседаний) можно приобрести у мюнхенского издательства «Delphin Verlag» (ISBN 3.7735.2509.5); американское издание на микроплёнке (42 тома, со стенограммами заседаний и документами) можно приобрести у издательства «Oceana Publications» (Dobbs Ferry NY). Кроме того, все 42 тома на английском языке выложены в интернете на сайте «Military Legal Resources» (см. выше в примечаниях).

Документы

Согласно стандартной версии событий, союзники изучили сто тысяч документов и отобрали из них одну тысячу, приобщив её к доказательствам, а оригинальные документы были затем отправлены на хранение в гаагский Дворец мира. В действительности же всё обстояло совсем не так.

Документы, использовавшиеся на Нюрнбергском процессе в качестве доказательств, состояли, по большей части, из «фотокопий» «копий». Многие из этих «оригинальных документов» были целиком записаны на обыкновенной бумаге неизвестными лицами, без каких-либо штампов или пометок от руки. Изредка на них можно обнаружить неразборчивые инициалы или подписи малоизвестных лиц, «удостоверяющих», что соответствующий документ является «верной копией». На некоторых из документов имеются немецкие печати, на некоторых печатей нет. Многие из документов были «обнаружены» советской стороной или же были «признаны подлинными» советской комиссией по расследованию военных преступлений.

К примеру, том XXXIII, состоящий из документов, содержит 20 протоколов допросов или показаний под присягой, 12 фотокопий, 5 неподписанных копий, 5 оригинальных документов с подписями, 4 копии печатного материала, 3 копии, напечатанные на мимеографе, 3 документа, переданных по телетайпу, 1 микрокопию, 1 копию, подписанную третьими лицами, и 1 копию неизвестного происхождения.

Оригинальных документов времён войны в Гааге крайне мало, если таковые там вообще имеются. Зато в Гааге имеется множество оригинальных послевоенных «аффидэвитов», или письменных показаний под присягой, протоколов заседаний Нюрнбергской «комиссии», а также много ценного материала защиты.

Там есть «мыло из человеческого жира», химический анализ которого никогда не проводился, а также «оригинальный способ изготовления мыла из человеческого жира» (документ СССР-196), являющийся фальшивкой. Однако там, по-видимому, нет ни одного оригинального немецкого документа времён войны.

В Гааге хранятся фотостатные негативные копии этих документов, выполненные на крайне ломкой бумаге и сшитые скобами. Для того чтобы сделать фотокопию фотостатов, скобы необходимо снять. После фотокопирования, при повторном сшивании, образуются новые дырки. Большинство этих документов фотокопировались весьма редко, и, как говорят работники из Дворца мира, их почти никто не спрашивает.

В вашингтонском Национальном архиве говорят, что оригинальные документы хранятся в Гааге (см.: Telford Taylor, «Use of Captured German and Related Documents», A National Archive Conference). В Гааге же говорят, что оригинальные документы хранятся в Вашингтоне.

В Государственном архиве Нюрнберга и в Федеральном архиве Кобленца также нет ни одного оригинального документа; при этом в обоих архивах утверждают, что оригинальные документы находятся в Вашингтоне. Учитывая, что оригиналы эти в большинстве случаев являются «копиями», часто нет никаких доказательств того, что соответствующие документы вообще когда-либо существовали.

Главный обвинитель от США Роберт Джексон с самого же начала процесса стал бесстыже ссылаться на такие поддельные или не имеющие никакой ценности документы, как PS-1947, PS-1721, PS-1014, PS-81, PS-212 и т.д. и т.п. (II 120-142 [141-168]).

Документ PS-1947 является «копией» «перевода» письма генерала Фрича (Fritsch) баронессе фон Шуцбар-Мильхлинг (von Schutzbar-Milchling). Позже баронесса даст письменное показание, заявив, что она никогда не получала подобного письма (XXI 381 [420-421]). «Письмо» генерала Фрича баронессе фон Шуцбар-Мишлинг было признано поддельным ещё во время процесса и не было включено в сборник документов (оно должно было появиться в томе XXVIII на стр. 44), однако суд не сделал Джексону замечания (XXI 380 [420]).

Энергичные американцы, похоже, подделали 15 «переводов» подобных «писем», после чего все «оригинальные документы» загадочно исчезли (см.: Telford Taylor, «Use of Captured German and Related Documents»).

Документ PS-1721 также является фальшивкой. В нём один штурмовик пишет рапорт самому себе о том, как им выполняется приказ, дословно приводимый в том же рапорте. Пометки на стр. 2-3, сделанные от руки, являются явной имитацией пометок со стр. 1 (XXI 137-141 [157-161], 195-198 [219-224], 425 [470]; XXII 147-150 [169-172]. См. также «Testimony Before the Commission» («Показания перед комиссией»), Фуст (Fust), 25 апреля, и Лютце (Lutze), 7 мая 1946 г.). В Национальном архиве хранится позитивный фотостат документа PS-1721, а в Гааге – негативный фотостат. «Оригинал» представляет собой фотокопию (XXVII 485).

Документ PS-1014 представляет собой «речь Гитлера», написанную неизвестным лицом на бумаге без каких-либо подписей или штампов. Документ имеет заголовок «Вторая речь», хотя известно, что в тот день Гитлер произнёс только одну речь. Имеются четыре версии данной речи, три из которых поддельные (PS-1014, PS-798, L-3) и одна – подлинная (Ra-27) (XVII 406-408 [445-447]; XVIII 390-402 [426-439]).

Одну из подделок, документ L-3, на котором стоит печать лаборатории ФБР, Трибунал так и не принял в качестве доказательства (II 286 [320-321]), однако 250 экземпляров её всё же были вручены журналистам как подлинные документы (II 286-293 [320-328]). А.Дж. Тейлор (A.J.P. Taylor) приводит этот документ на стр. 254 своей работы «The Origins of the Second World War» (Fawcett Paperbacks, 2nd Edition, with Answer to his Critics), указывая в качестве источника сборник «German Foreign Policy», Series D VII, №№ 192 и 193.

Вообще, документ L-3 служит источником множества заявлений, приписываемых Гитлеру, среди которых: «Кто сегодня помнит об участи армян?» и «Наши враги – жалкие черви, я видел их в Мюнхене». В нём «Гитлер» также сравнивает себя с Чингисханом и говорит, что он истребит всех поляков и даст Чемберлену ногой в пах перед объективами фотокамер. Этот документ, по-видимому, был напечатан на той же пишущей машинке, что и многие другие нюрнбергские документы, включая остальные две версии этой же речи. Вероятно, это была машинка модели «Martin», изготовленная фирмой «Triumph-Adler-Werke» из Нюрнберга.

Документ PS-81 является «верной копией» неподписанного письма, написанного неизвестным лицом на обыкновенной бумаге. Возможно, это набросок письма, которое так и не было отправлено. Постоянно утверждалось, что это письмо, написанное Розенбергом, но сам Розенберг это отрицал (XI 510-511 [560-561]). На документе нет подписи, инициалов, пробела для регистрационного номера (обязательного в этих случаях), и он не был найден среди бумаг адресата (XVII 612 [664]). Документ PS-81 является «фотокопией», представленной советской стороной (СССР-353, XXV 156-161).

Документ PS-212 также был составлен неизвестным лицом, полностью на обыкновенной бумаге, без каких-либо пометок от руки, без даты, адреса и печати (III 540 [602]; XXV 302-306; см. также фотокопии негативных фотостатов, хранящиеся в гаагском Дворце мира).

Всё это весьма типичные случаи. Так, документ PS-386, так называемый «протокол Хоссбаха» – речь, якобы произнесённая Гитлером 5 ноября 1938 года, – является «заверенной фотокопией» микрокопии «верной копии» (перепечатанной одним американцем) «верной копии» (составленной одним немцем) «письменных заметок Хоссбаха», никем не удостоверенных и составленных тем по памяти спустя пять дней после предполагаемой речи Гитлера. Это не самый худший документ, а наоборот, один из лучших, поскольку известно, кто изготовил одну из «копий». Текст документа PS-386 был вдобавок «отредактирован» (XLII 228-230).

Итак, «процесс на основе документов» работает следующим образом: неизвестное лицо А выслушивает «устные заявления», якобы сделанные лицом Б, после чего А делает заметки или составляет документ на основе этих предполагаемых устных заявлений. Затем документ приобщается к доказательствам, причём используется он не против лица А, составившего копию, а против лиц Б, В, Г, Д и целого ряда других лиц, несмотря на то, что с этим документом или предполагаемыми заявлениями их ничего не связывает. Впоследствии без зазрения совести утверждается, что «Б сказал», «В сделал», «Г и Д знали» и т.д. Подобная процедура противоречит нормам доказательственного права всех цивилизованных стран. Кроме того, подлинность этих документов с помощью свидетельских показаний даже не проверяется.

В Нюрнберге редко прибегали к подделыванию оригинальных документов, поскольку документы вообще не приводились на заседаниях суда. «Оригинальный документ» (то есть оригинальная неподписанная «копия») хранился в сейфе Центра документации (II 195 [224], 256-258 [289-292]).

Трибуналу представлялись 2 «фотокопии» (V 21 [29]) или 6 «фотокопий» (II 251-253 [284-286]) «копии». Все остальные копии получались на мимеографе с помощью трафарета (IX 504 [558-559]).

В стенограммах заседаний слово «оригинал» используется для обозначения фотокопии (II 249-250 [283-284]; XIII 200 [223], 508 [560], 519 [573]; XV 43 [53], 169 [189], 171 [191], 327 [359]), для того чтобы фотокопии можно было отличить от копий, полученных на мимеографе (IV 245-246 [273-274]).

«Переводы» всех документов имелись в распоряжении с самого начала процесса (II 159-160 [187-189], 191 [219-220], 195 [224], 215 [245], 249-250 [282-283], 277 [312], 415 [458], 437 [482-483]), однако «оригинальные» немецкие тексты появились не ранее чем через два месяца. Это справедливо не только для меморандумов по делу, обвинительного акта и т.д., но для всех документов вообще. Защите удалось получить документы на немецком языке только 9 января 1946 года, если не позже (V 22-26 [31-35]).

В число документов, которые, по всей видимости, были составлены на вышеприведённой пишущей машинке, входят также документ PS-3803, «письмо» Кальтенбруннера мэру Вены и «сопроводительное письмо» данного мэра, отославшего «письмо» Кальтенбруннера в Трибунал (XI 345-348 [381-385]). В этом «письме» Кальтенбруннера содержится неправильный географический термин (XIV 416 [458]).

Мартин Борман

Борман был обвинён в «гонениях на церковь» и множестве других преступлений. Его адвокат Бергольд указал на то, что многие современные страны (намекая на СССР) открыто заявляют о своём атеистическом характере и что приказы, запрещающие священникам занимать высокие партийные должности, никак нельзя считать «гонениями». Бергольд добавил: «Партия называется преступной, заговорщической. Является ли тогда преступлением не давать определённым людям участвовать в преступном заговоре? Является ли это преступлением?» (V 312 [353])

Суду были представлены документы, в которых Борман запрещает преследование по религиозному признаку и открытым текстом разрешает преподавать религию (XXI 462-465 [512-515]). В своих приказах Борман требовал использования полной цитаты из библии; пропуски, изменения или искажения текста запрещались. Церкви получали правительственные субсидии вплоть до конца войны. Ограничения на печатанье газет, введённые во время войны из-за дефицита бумаги, распространялись на все газеты, а не только на религиозные (XIX 111-124 [125-139]; XXI 262-263, 346, 534, 539 [292-293, 383, 589, 595]; XXII 40-41 [52-53]).

Адвокат Бормана без особого труда показал, что Бормана нельзя было признать виновным в совершении какого-либо уголовного преступления по законам какой-либо страны, поскольку ясно, что стенографисты не могут нести уголовную ответственность за все подписываемые ими документы. Было не совсем ясно, до какой степени Борман действовал в качестве обычного стенографиста или секретаря, однако обвинение это мало интересовало, и в итоге Борман был приговорён к повешению. Приговор должен был быть приведён в исполнение немедленно, невзирая на множество свидетельств, согласно которым Борман погиб в результате взрыва танка и поэтому вряд ли находился в целостном виде, что делало его повешение несколько затруднительным (XVII 261-271 [287-297]).

Карл Дениц

Дениц был приговорён к 10 годам тюрьмы за ведение «незаконной подводной войны» против англичан. Согласно международному праву, всё основывается на взаимности и международных конвенциях, которые можно провести в жизнь только с помощью взаимности. Во время войны лучшей защитой от какого-либо оружия является решительный ответ тем же самым оружием. Англия, являвшаяся владычицей морей, в обеих мировых войнах применяла блокаду и так называемую систему нависерта. Англичане останавливали в море нейтральные корабли, заставляли их следовать в британские порты и там обыскивали их, используя хитроумные формулы: если количество пищи, удобрений, шерсти, кожи, резины, хлопка и т.д., импортируемое какой-либо нейтральной страной, превышало количество, необходимое той для внутреннего потребления (согласно мнению самих англичан), то это означало, что разница предназначалась для отправки немцам. В итоге корабль (и весь груз) конфисковывался и продавался с аукциона, что нарушало также условия всех британских договоров морского страхования.

В 1918-1919 годах, уже после заключения перемирия, англичане в течение восьми месяцев поддерживали блокаду, чтобы заставить немцев ратифицировать Версальский мирный договор. Это представляло собой грубое нарушение условий соглашения о перемирии и всех норм международного права. В результате этого, пока дипломаты выжидали, сотни тысяч немцев умерли от голода. Гитлер справедливо назвал это «самым крупным нарушением обещания всех времён». Англичане, в свою очередь, утверждали, что сама блокада была законной, но проводилась она в незаконной манере (см.: «1911 Encyplopaedia Britannica», ст. «Neutrality»; «1922 Encyclopaedia Britannica», ст.ст. «Blockade», «Peace Conference»).

Нейтральные страны, включая США, жаловались, что это нарушает их нейтралитет, но, несмотря на это, шли на уступки и подчинялись желаниям англичан в нарушение своего нейтралитета. А государство, позволяющее нарушать свой нейтралитет, может рассматриваться как воюющая сторона. (Кстати, во время войны с Японией американцы, по их собственному утверждению, «топили всё, что движется, с первого же дня войны».)

Англичане так и не ратифицировали 5-ю Гаагскую конвенцию о правах нейтральных сторон от 18 октября 1907 г., но при этом они считали, что её условия являются обязывающими для немцев и японцев, несмотря на то, что в конвенции содержался пункт о всеобщем участии; согласно этому пункту, конвенция становится недействительной, если в конфликте участвует сторона, не подписавшая конвенцию.

В 1939 году у Германии имелись только 26 подводных лодок, годных для эксплуатации в Атлантическом океане, что составляло пятую часть от подводного флота одной только Франции. Кроме того, немецкие подводные лодки были значительно меньше подводных лодок других стран. Контрблокаду против Англии можно было поддерживать, только дав нейтральным государствам предостережение не плавать в водах, окружающих Британские острова. Для англичан это являлось «преступлением».

Из этих 26 подводных лодок многие одновременно находились на ремонте, так что в течение некоторых месяцев для плавания были годны только 2-3 подводные лодки. Очевидно также, что подводные лодки не могут производить обыск и конфискацию так, как это делают надводные суда — всплыв на поверхность, подводная лодка становится практически беззащитной даже перед самой малой пушкой, установленной на торговом судне, не говоря уже о радио, радаре и авиации.

В Нюрнберге англичане заявили, что немецкие подлодки должны были всплывать на поверхность и извещать надводное судно о своём намерении произвести обыск. Далее немцам следовало подождать, пока надводное судно не начнёт бой, и только после этого они могли топить судно (вероятно, орудиями, установленными на палубе подлодки). После этого они должны были взять десятки или сотни оставшихся в живых членов экипажа на борт подлодки (где те находились бы в гораздо большей опасности по сравнению со спасательной шлюпкой) и доставить к ближайшей земле. Если при этом появлялись английские самолёты и топили подлодку, в результате чего гибли члены экипажа надводного судна (в том числе английского), то считалось, что их убили немцы.

Это просто смешно. Ни одна международная конвенция не требует подобного, и ни одно государство не воюет подобным образом. Учитывая, что операции по спасению утопающих делали подводную лодку беззащитной и нередко приводили к гибели подводной лодки и её экипажа, Дениц запретил любые спасательные операции. Это было названо приказом об «уничтожении утопающих». Впрочем, в обвинительный приговор это включено не было.

Деница обвинили также в том, что он призывал немецкий народ к тщетному сопротивлению (Черчилль, кстати, также совершил это «преступление»). На это Дениц ответил: «Нам было очень больно от того, что наши города продолжали уничтожать бомбардировками и что эти бомбардировки и продолжающаяся война отнимали всё новые и новые жизни. Число погибших в результате этого составляет 300-400 тысяч человек, большинство из которых погибло при бомбёжке Дрездена, которая не была оправдана с военной точки зрения и которую нельзя было предвидеть. Тем не менее, это число относительно невелико по сравнению с теми миллионами немцев — солдат и мирных жителей, — которые бы погибли на Востоке, если бы мы капитулировали зимой [1945 года]».

Смотри о Денице здесь: XIII 247-406 [276-449]; XVIII 312-372 [342-406].

Ганс Франк

Франка обвинили в сотнях антисемитских заявлений, сделанных им в своём так называемом «дневнике». В этом «дневнике», состоящем из 12 тысяч страниц, имеется только одна страница, подписанная самим Франком; кроме того, там содержатся сотни весьма гуманных заявлений, которые, однако, были проигнорированы (XII 115-156 [129-173]). Антисемитские заявления были отобраны советской стороной и включены в отдельный небольшой документ, PS-2233, который был приобщён к доказательствам и который неизменно назывался «дневником Франка».

Настоящий же «дневник», состоящий из 12 тысяч страниц, содержит изложение (не дословные протоколы или стенограммы) конференций, на которых нередко одновременно говорили 5 или 6 человек, что вносило изрядную путаницу: не всегда можно было понять, кому принадлежат те или иные заявления (XII 86 [97-98]).

Франк передал американцам свой «дневник», рассчитывая, что тот станет доказательством его невиновности; так, в своих речах он протестовал против противоправных, на его взгляд, действий Гитлера, сильно при этом рискуя, и 14 раз пытался уйти в отставку (XII 2-114 [8-128]; XVIII 129-163 [144-181]).

Прочтя в «иностранной прессе» ряд статей о советском Майданском процессе, Франк решил, что злодеяния в немецких концлагерях действительно имели место (XII 35 [43]). Что касается Освенцима, то тот не входил в состав территории, подконтрольной Франку.

Франк видел свою миссию в создании независимой судебной системы в национал-социалистическом государстве; в конце концов он решил, что эта миссия невыполнима. В речи от 19 ноября 1941 года Франк заявил: «Закон нельзя низвести до такого уровня, при котором он является предметом торга. Закон нельзя продать. Либо он есть, либо его нет. Законом нельзя торговать на бирже. Если закон не находит поддержки, то государство теряет свою моральную опору и погружается в пучину тьмы и террора».

Стоит подчеркнуть, что «противоправные» действия Гитлера никогда не включали в себя утверждение «законов с обратной силой», просто в трёх случаях наказание было ужесточено задним числом (XVII 504 [547]).

Что касается «разграбления произведений искусства», в котором будто бы участвовал Франк, то этот вопрос будет рассмотрен в главе о Розенберге.

Вильгельм Фрик

Фрик был повешен за «онемечивание» жителей Познани, Данцига, Западной Пруссии, Эйпена, Мальмеди, Судетской области, Мемельского края и Австрии (!). Все эти территории, за исключением Австрии, входили в Германскую империю и были отторгнуты от Германии в результате Версальского договора. Кроме того, все эти области, не считая франкоязычного Мальмеди, были германоязычными. Что касается Австрии, то после 1919 года она испытывала большие экономические трудности, и австрийцы потребовали присоединения к Германии путём плебисцита. В ответ державы-победительницы пригрозили отрезать Австрию от всех поставок продовольствия (XVIII 55 [66]; XIX 360 [397]).

Ещё одним преступлением, якобы совершённым Фриком, было убийство 275 тысяч душевнобольных, согласно «докладу» одной чехословацкой «комиссии по военным преступлениям».

Так же как и в случае с Герингом, на Фрика была возложена ответственность за существование концентрационных лагерей. В его защиту было сказано, что законы о превентивном аресте были приняты как в Германии, так и в Австрии ещё до прихода национал-социалистов к власти. В Австрии данный закон назывался «Anhaltehaft», и по нему в тюрьмы были заключены тысячи национал-социалистов (XXI 518-521 [572-576]). Что касается Германии, то закон о превентивном аресте существует в ней и поныне под названием «U-haft» («Untersuchungshaft»).

В окончательном приговоре одного из самых крупных процессов над служащими Дахау, процесса Мартина Готфрида Вайса и 39 других лиц («Trial of Martin Gottfried Weiss and Thirty-Nine Others», «Law Reports of Trials of War Criminals», T. XI, стр. 5, опубликовано ООН), содержится следующая фраза: «В деле по концентрационному лагерю Маутхаузен обстоятельства были, в основном, те же, хотя число жертв было гораздо больше, так как массовые убийства [в Маутхаузене] совершались с помощью газовой камеры».

Не является ли это признанием того, что в Дахау не было газовых камер? Согласно сборнику судебных материалов «Law Reports of Trials of War Criminals», ни на одном процессе над служащими Дахау так и не было доказано существование в Дахау газовых камер.

В Нюрнберге к доказательствам в качестве документа PS-3590 была приобщена «верная копия» приговора процесса Мартина Готфрида Вайса и 39 других лиц, однако вышеприведённая фраза была оттуда вычеркнута (V 199 [228]). Заявления о массовом уничтожении в Дахау с помощью газа содержатся ещё в трёх документах: PS-3249 (V 172-173 [198]; XXXII 60), PS-2430 (XXX 470) и L-159 (XXXVII 621).

Франц Блаха – свидетель, давший письменное показание о «массовых газациях в Дахау», документ PS-3249 (составленный Даниелем Л. Марголисом, замешанным также в подделке трёх речей Гитлера, XIV65 [77]), – обвинил Фрика в том, что тот посещал Дахау. Фрик отверг это обвинение и потребовал вызвать Блаху в суд для проведения с ним очной ставки. Фрику было в этом отказано. Похоже, он смирился с этим решением: давать показания он так и не стал. Заключительную речь его адвоката смотри здесь: XVIII 164-189 [182-211].

Что касается Франца Блаха, ярого коммуниста, то в 1961 году он стал президентом Международного комитета бывших узников Дахау и продолжал утверждать, что он был свидетелем массовых газаций и лично делал брюки и другие кожаные изделия из человеческой кожи.

Процесс Мартина Готфрида Вайса хранится на шести рулонах микроплёнки (MII 74) в вашингтонском Национальном архиве. Материалы предварительного судебного расследования, относящиеся к «газовой камере» Дахау (отчёт, чертёж, душевая головка (рулон № 1)), так и не были приобщены к доказательствам и не входят в окончательные вещественные доказательства процесса (рулон № 4). В стенограммах заседаний суда (рулоны №№ 2 и 3) нет ни одного упоминания о каких-либо газовых камерах Дахау, за исключением нескольких предложений из показаний Блахи (Т. 1, стр. 166-169). Что касается «человеческой кожи», то оказалось, что это была кожа крота (Т. 4, стр. 450, 462, 464).

Ганс Фриче

Прочтя одно письмо, Фриче решил, что в СССР совершаются массовые убийства, и попытался это проверить, однако никаких доказательств этого он так и не обнаружил (XVII 172-175 [191-195]).

Фриче – весьма важный подсудимый, так как в случае с ним было сделано допущение о том, что зарубежная пресса печатала много лживой информации о Германии (XVII 175-176 [194-196]; см. также: XVII 22-24 [30-33]). Однако газетные статьи и передаваемые по радио сообщения подобного рода как раз и составляли «общепризнанные факты», не требовавшие, согласно уставу Трибунала, доказательств (ст. 21 правил доказывания, I 15 [16]; II 246 [279]).

Защитники Фриче указали на то, что ни одна международная конвенция не регулирует пропаганду или рассказы о злодеяниях, подлинные или нет, и что закон только одного государства (Швейцарии) запрещает оскорблять глав иностранных государств.

Впрочем, то, что Фриче действительно мог быть невиновен, в Нюрнберге считалось не столь важным. Главным было не допустить процесса, в котором все подсудимые были бы осуждены. Как следствие, на закулисных торгах, предшествовавших вынесению окончательного вердикта, было решено, что Фриче можно оправдать.

Смотри о Фриче здесь: XVII 135-261 [152-286]; XIX 312-352 [345-388].

Вальтер Функ

Функ был пианистом из уважаемой семьи и бывшим финансовым издателем. Как и большинство других подсудимых, Функа обвинили в совершении «аморальных поступков», доказывающих его «добровольное участие в Общем плане», – таких, как принятие от Гитлера подарков ко дню рождения (в подобных вещах, разумеется, нет ничего противозаконного).

Функ сказал, что англичане и поляки сговорились втянуть Германию в войну в надежде на то, что Гитлер будет свергнут немецкими генералами (XIII 111-112 [125-126]).

Функа обвинили в том, что он убедил эсэсовцев убивать узников концлагерей и вырывать у них золотые зубы; это должно было помочь военной промышленности. Вырванные зубы хранились в сейфе Рейхсбанка рядом с инструментами для бритья, авторучками, будильниками и прочим ненужным хламом. Обвинение, похоже, забыло о том, что, согласно показаниям коменданта Рудольфа Хёсса, золотые зубы в Освенциме плавились (XI 417 [460]).

Функ заявил, что количество и виды награбленного просто смехотворны и указал на то, что СС действовала также в качестве таможенной полиции и следила за соблюдением правил валютного контроля, в число которых входил запрет на владение золотом, серебром и иностранной валютой. Было вполне естественно, что СС конфисковывала большое количество ценных вещей и что она, будучи правительственным учреждением, имела финансовые счета, на которых, помимо прочего, хранились драгоценности. Немецкие граждане также хранили драгоценности в сейфах Рейхсбанка, к которым СС, однако, не имела доступа, поскольку то были частные вклады.

По мере усиления бомбардировок союзников простые немецкие граждане стали сдавать в банк на хранение всё больше ценных вещей. В конце концов, после особо разрушительного налёта на здание Рейхсбанка, ценные вещи были перевезены в Тюрингию на одну шахту по добыче калия. Там эти ценности обнаружили американцы и сняли о них лживый фильм. Функ и его адвокат доказали лживость этого фильма, допросив одного свидетеля обвинения; этот допрос стал одним из самых захватывающих перекрёстных допросов на всём процессе (XIII 169 [189-190], 203-204 [227-228], 562-576 [619-636]; XXI 233-245 [262-275]).

Столь же быстро было опровергнуто и нелепое письменное показание Освальда Поля, документ PS-4045, в котором Функ обвинялся в обсуждении на одном званном обеде (в присутствии десятков людей, включая официантов) использования золотых зубов убитых евреев для финансирования военной промышленности (XVIII 220-263 [245-291]). Данное показание было составлено на немецком языке и подписано Робертом Кемпнером в качестве свидетеля. Впоследствии Поль был приговорён к смертной казни за убийство людей паром в 10 «паровых камерах» Треблинки и изготовление половиков из их волос (NMT IV 1119-1152; Четвёртый малый Нюрнбергский процесс).

Как и другие подсудимые, Функ решил, что «преступления против человечества» действительно совершались, но продолжал утверждать, что он о них ничего не знал. Это, разумеется, ещё не означает, что данные преступления действительно имели место.

Курт Герштейн

Курта Герштейна часто называют холокостным свидетелем, что, однако, неверно. Под свидетелем, как правило, понимается лицо, видевшее какое-либо событие и явившееся в суд для дачи показаний, основанных на его личном опыте. Герштейн же этого не делал. Герштейн был лицом, давшим письменные показания, не скреплённые присягой; иными словами, его имя присутствует в конце «показаний», напечатанных на машинке на французском языке, которые он, возможно, составил, а, возможно, и не составлял (документ PS-1553, отклонённый в Нюрнберге) (VI 333-334 [371-372], 362-363 [398-399]).

Широко распространено предание, согласно которому Герштейн, находясь во французской тюрьме Шерше-Миди, составил свои знаменитые показания и затем покончил жизнь самоубийством, после чего тело его загадочно исчезло без следа.

Более вероятным, однако, представляется то, что данные показания были составлены на французском языке неким следователем-«переводчиком» (возможно, немецким евреем) и что некоторые противоречия, встречающиеся в тексте (например, зима в августе месяце или машина, превращающаяся в следующем предложении в поезд), вызваны небрежным переводом протоколов допросов в форму письменных показаний. На менее важных, а также на японских процессах над «военными преступниками» подобные «письменные показания», не скреплённые присягой, были обычным делом – считалось, что они обладают «доказательной силой», но при этом являются менее «вескими», нежели показания, данные под присягой.

Не исключено также, что Герштейн умер от увечий, полученных им в ходе допросов, или же повесился на ленте от пишущей машинки.

«Показания» Герштейна обильно цитировались в ходе процесса Освальда Поля, на котором было «доказано», что в Треблинке имелось 10 «газовых камер» (PS-1553) и 10 «паровых камер» (PS-3311) – всё это в одном и том же лагере в одно и то же время.

Гюстав Гильберт

Один из самых знаменитых рассказов о поведении и психическом состоянии подсудимых на Нюрнбергском процессе можно найти в книге психолога Гюстава Марка Гильберта (сына еврейских эмигрантов из Австрии) «Нюрнбергский дневник» (в 2004 году она вышла на русском языке в издательстве «Русич»). Она состоит, в основном, из бесед, которые подсудимые и другие лица (такие, как комендант Освенцима Рудольф Хёсс) будто бы вели с Гильбертом или между собой (!) и которые Гильберт впоследствии будто бы воспроизвёл по памяти.

Сравнив писанину Гильберта со стенограммами заседаний суда в Нюрнберге, можно увидеть, что подсудимые говорили совершенно не в том стиле, какой приписывает им Гильберт. Кроме того, Гильберт во время предполагаемых бесед не делал никаких заметок, и никакие свидетели при этом не присутствовали.

Те, кто думает, что документы PS-1014, PS-798 и L-3 являются «речами Гитлера» (по крайней мере, по сравнению с документом Ra-27), вполне могут поверить, что в книге Гильберта содержатся «заявления подсудимых на Нюрнбергском процессе». Впрочем, это не исключает того, что они могли делать заявления, схожие с теми, которые затем «вспомнил» Гилберт.

Гильберт считал, что подсудимые истребили в газовых камерах миллионы евреев. Если они при этом не ощущали вины за содеянное, то это означает, что они были шизофрениками. Подобное убеждение, разумеется, не могло не сказаться на восприятии и памяти Гильберта, даже если предположить, что он говорит правду и действительно беседовал с подсудимыми. Если же он лжёт, то он далеко не единственный «американец», который лгал на Нюрнбергском процессе. Так, Телфорд Тейлор (руководитель группы адвокатов по «военным преступлениям» во время Нюрнбергского процесса) был не в состоянии без ошибок повторить даже самое простое заявление (сравни заявления генерала Манштейна (XX 626 [681-682]) с «цитатой», приводимой Тейлором (XXII 276 [315])).

Лучшее доказательство того, что Гильберт лжёт, – это запись от 14 декабря 1945 г.: «Майор Уолш продолжил читать документальные доказательства уничтожения евреев в Треблинке и Освенциме. В одном польском документе говорилось: "Все жертвы должны были снять одежду и обувь, которые затем складывались в отдельном месте; после этого все жертвы (сначала – женщины и дети) велись в камеры смерти... Малых детей просто забрасывали вовнутрь"» (стр. 69, 1-е издание).

«Документальные доказательства», о которых говорится выше, – это не что иное, как «сообщение о военных преступлениях», составленное коммунистами, а «камеры смерти» – это «паровые камеры» (III 567-568 [632-633]).

Герман Геринг

Геринга обвинили в создании системы концентрационных лагерей и планировании «агрессивной войны» против Польши. В свою защиту Геринг сказал, что Германия является суверенным государством, признанным всеми странами мира (XXI 580-581 [638-639]), что Гитлер был избран законным путём, что у каждого государства есть право на принятие таких законов и ведение таких дел, которые оно сочтёт необходимыми, что генерал фон Шлейхер (рейхсканцлер Германии в декабре 1932 г. – январе 1933 г.) хотел править в нарушение закона и конституции, не имея поддержки национал-социалистов, что в 1933 году Германия находилась на пороге гражданской войны, что концлагеря были изобретены англичанами во время англо-бурской войны и что интернирование подданных вражеских государств и политических оппонентов практиковалось во время Второй мировой войны и Великобританией, и США.

(Вообще-то концлагеря были изобретены не англичанами, а французами во время Великой французской революции 1798-1799 гг. с целью изолирования крестьян Вандеи; концлагеря считались полностью демократическим учреждением.)

Нет никаких сомнений, что приказ о создании концлагерей в Германии был законным: он основывался на статье о чрезвычайных ситуациях Веймарской конституции и был подписан самим Гинденбургом (указ рейхспрезидента от 28 февраля 1933 г.) согласно ст. 48, п. 2, Веймарской конституции (XVII 535 [581]; XIX 357 [394]).

Согласно документу R-129, представленному обвинением (III 506 [565-566]), в 1939 году число заключённых во всех немецких лагерях составляло, в общей сложности, 21.400 человек. 300 тысяч человек при этом находились в обычных тюрьмах (XVII 535-536 [581-582]; XX 159 [178]).

Через год после окончания войны в союзнических лагерях для интернированных лиц на основании пунктов об «автоматическом аресте» из союзнических соглашений (например, пункта B-5 Совместной потсдамской декларации) содержалось 300 тысяч немецких граждан (XVIII 52 [62]).

До войны бо́льшую часть заключённых немецких концлагерей составляли коммунисты и обычные преступники (XVII 535-536 [581-582]; XXI 516-521 [570-576], 607-614 [677-685]).

После начала войны, вследствие союзнической блокады, система концлагерей была расширена, и в ней стал применяться труд подданных вражеских государств, преступников, свидетелей Иеговы и коммунистов. Кстати, как было отмечено в Нюрнберге, в тех же США в тюрьмах находилось 11 тысяч свидетелей Иеговы (XI 513 [563]).

В обеих мировых войнах Великобритания применяла блокаду в отношении Германии и всех оккупированных ею территорий, что грубо нарушало нормы международного права (XIII 445-450 [492-497]; XVIII 334-335 [365-367]). С целью недопущения массового голода немецкие власти были вынуждены вводить на оккупированных территориях реквизиции и трудовую повинность, что, кстати, было вполне законно согласно статье 52 4-й Гаагской конвенции о сухопутной войне от 18 октября 1907 года. Люди были только рады возможности работать в Германии, откуда они переводили своим семьям деньги из зарплаты (денежные переводы за всю войну составили от двух до трёх миллиардов рейхсмарок).

Так называемые «рабы» платили налоги и могли быть подвергнуты взысканию, размер которого не должен был превышать недельное жалованье (V 509 [571]). За серьёзные дисциплинарные проступки иностранных рабочих могли отправить в трудовой лагерь (не путать с концентрационным) на срок не более 56 дней (XXI 521 [575-576]). Бить рабочих или дурно с ними обращаться было строжайше запрещено.

Военнопленные могли ходатайствовать об освобождении из лагерей для военнопленных и устройстве на работу в промышленности; в этом случае с ними обращались как с любыми другими работниками промышленности (XVIII 496-498 [542-544]), но при этом действие Женевской конвенции об обращении с военнопленными на них больше не распространялось. Всё это делалось исключительно на добровольной основе.

Вишистский режим во Франции добился освобождения и немедленного возвращения на родину одного военнопленного взамен на трёх рабочих, отправленных на работу в Германию по контракту сроком на шесть месяцев (XVIII 497 [543]). Стоит также подчеркнуть, что было просто невозможно нарушать Женевскую конвенцию об обращении с военнопленными, заставляя французских, бельгийских или голландских военнопленных участвовать в боевых действиях против их собственных стран, по той простой причине, что их страны уже вышли из войны (XVIII 472-473 [516]).

Что касается нападения на Польшу, то польский кризис возник ещё за год с лишним до подписания советско-германского пакта о ненападении и ввода советских и германских войск в Польшу. За всё это время поляки так и не удосужились обратиться в беспристрастный международный третейский суд или в Лигу наций, поскольку им не нужно было решение, справедливое для всех сторон. Чего они хотели, так это и дальше нарушать свои международные соглашения, изгоняя польских граждан немецкой национальности, так же как и сотни тысяч евреев (XVI 275 [304]).

Согласно многим подсудимым и свидетелям защиты, массовый приток польских евреев в Германию был одной из главных и непосредственных причин германского антисемитизма (XXI 134-135 [155]; XXII 148 [169]). Польские евреи были замешаны во множестве финансовых скандалов и мошеннических схем, в том числе в знаменитом деле «Бармат-Кутискер» (XXI 569 [627]).

Что касается «подстрекательства к ведению войны в нарушение международного права», то теми, кто действительно так поступал, были англичане со своими ковровыми бомбардировками. Немецкие же солдаты шли в бой с подробными письменными инструкциями, согласно которым чужое имущество следует уважать, с военнопленными следует обращаться гуманно, женщин следует уважать и т.д. и т.п. (IX 57-58 [68-69], 86 [100-101]; XVII 516 [560])

Немцы часто проводили военно-полевые суды, в результате которых многие немецкие солдаты и офицеры были приговорены к смертной казни за изнасилование или грабёж, даже если стоимость награбленного имущества была сравнительно невелика (XVIII 368 [401-402]; XXI 390 [431]; XXII 78 [92]).

Что касается конфискации государственной собственности, то она была законной согласно Гаагской конвенции. СССР, кстати, не подписал эту конвенцию, а частная собственность в коммунистических странах была запрещена. Геринг сказал, что он бывал в России, и красть там было просто нечего (IX 349-351 [390-393]).

Стоит также отметить, что к моменту Нюрнбергского процесса союзники совершили буквально всё, в чём они обвиняли немцев (XXI 526 [581]; XXII 366-367 [418-420]).

Геринг отверг обвинение в «медицинском эксперименте с барокамерой», сказав, что все лётчики должны испытывать свои физические реакции на большой высоте; в барокамере как таковой нет ничего зловещего (XXI 304-310 [337-344]). Американцы сами проводили медицинские эксперименты, нередко заканчивавшиеся гибелью испытуемого, в том числе во время Нюрнбергского процесса (XIX 90-92 [102-104]; см. также: XXI 356, 370 [393, 409]).

Любопытно, что Трибунал совершенно серьёзно заявил, что оборонительная война может включать в себя превентивное нападение (XXII 448 [508]), а также нападение с целью защиты граждан другого государства от их собственного руководства (XIX 472 [527]; XXII 37 [49]), если только нападающей стороной была не Германия (X 456 [513]). Возражения о том, что именно это и делали немцы, были попросту проигнорированы.

СССР скопил вдоль советско-германской границы 10.000 танков и 150 дивизий и увеличил количество аэродромов в приграничной зоне с 20 до 100. Впоследствии были найдены подробные карты, непригодные для оборонительных целей. Немецкое руководство решило, что сидеть и ждать нападения Красной Армии на нефтяные поля Румынии или угольные бассейны Силезии является самоубийством (XIX 13-16 [20-23]; XX 578 [630-631]; XXII 71 [85]).

Представляется сомнительным, что государства с обширными колониальными владениями (Великобритания, Франция) или с притязаниями на целые полушария (США) могли найти устраивающее их определение агрессивной войны. И действительно, в приговоре Нюрнбергского процесса было признано, что понятия «оборона», «агрессия» и «заговор» так и не были определены (XXII 464, 467 [527, 531]). Похоже, что так называемая «агрессивная война» – это не что иное, как средневековый принцип «победитель всегда прав», всего лишь переформулированный на либеральный манер.

Смотри о Геринге здесь: IX 236-691 [268-782]; XVII 516-550 [560-597]; XXI 302-317 [335-351].

Рудольф Гесс

Согласно отчёту Роберта Джексона (приводимому судьёй Бертом Рёлингом (Bert A. Röling) с Токийского процесса в сб.: «A Treatise on International Criminal Law», T. 1., стр. 590-608, под редакцией M. Cherif Bassiouni и Ved. F. Nanda, изд-во «Chas Thomas Publisher»), в Нюрнберге англичане, французы и русские – по вполне понятным причинам – не хотели обвинять немцев в ведении «агрессивной войны». Данный пункт обвинения был придуман американцами – исключительно для того, чтобы оправдать многочисленные нарушения норм международного права, имевшие место со стороны США (что американцы особо и не скрывали).

В число этих нарушений входят: ленд-лиз; сопровождение и ремонт британских боевых кораблей ещё за два года до Пирл-Харбора; данное англичанам разрешение маскировать их корабли под американские ещё тогда, когда США официально сохраняли нейтралитет; незаконное объявление 300-мильной зоны, ограничивающей территориальные воды США; оккупация Исландии; докладывание англичанам о перемещении немецких и итальянских подводных лодок; бомбардировки и таран немецких и итальянских подводных лодок начиная с июля 1941 года; другие действия, служащие явными признаками «агрессивной войны».

Таким образом, Гесс провёл 47 лет в тюрьме не только за действия, которые не были незаконными (героическая попытка остановить войну, спасти миллионы человеческих жизней и предотвратить разрушение Европы и Британской империи), но и за «преступления», которые были выдуманы с целью сокрытия преступлений его обвинителей.

В Нюрнберге не утверждалось, что Германия совершила акт агрессии в отношении Англии или Франции; таким образом, логично вытекающий отсюда вопрос о том, совершили ли Англия и Франция акт агрессии в отношении Германии, остался без ответа (IX 473 [525]; XVII 580 [629]).

Гесса обвинили в том, что он сговорился с Гитлером вывести Англию из войны, с тем чтобы Гитлер смог напасть на СССР. На это Гесс ответил, что его действия были продиктованы искренностью и что о готовящемся нападении на СССР он ничего не знал.

Заключительную речь адвоката Гесса смотри здесь: XIX 353-396 [390-437]. Из последнего слова Гесса (его единственного устного заявления на всём процессе, XXII 368-373 [420-425]) явствует, что это – человек, который из полностью сумасшедшего мог тут же превратиться в невероятно рассудительного, здравомыслящего и последовательного, и наоборот. Вполне возможно, что таким он стал, находясь в заключении в Англии.

Рудольф Хёсс

Рудольф Хёсс (Rudolf Höss), бывший комендант Освенцима (не путать с Рудольфом Гессом (Rudolf Heß), заместителем Гитлера по партии. – *Прим. пер.*), сделал «признания», «доказывающие», что Гитлер уничтожил в газовых камерах шесть миллионов евреев (или пять миллионов – стандартная цифра, использовавшаяся в Нюрнберге). Самые знаменитые «признания» Хёсса приводятся в книге Уильяма Ширера «Взлёт и падение третьего рейха» (Т. 2, кн. пятая, гл. «Окончательное решение»).

Цитируемый Ширером документ (PS-3868) следует рассматривать в контексте. Как известно, письменное «заявление», сделанное в присутствии только одной из сторон, было главным орудием обвинителей на средневековых процессах над ведьмами. Затем оно исчезло, чтобы через несколько столетий возродиться на советских показных процессах и процессах над «военными преступниками».

Подобные документы нарушают целый ряд стандартных правил судопроизводства, среди которых – запрет на наводящие вопросы; запрет на предоставление более ранних заявлений, согласующихся друг с другом (то есть запрет на размножение улик путём повторения; подобные заявления, как правило, допускаются только тогда, когда они противоречат другим заявлениям, сделанным позже); право проводить очную ставку и подвергать перекрёстному допросу свидетеля обвинителя; запрет на самооговор, то есть на дачу невыгодных для себя показаний.

Кроме того, «улики», представленные на процессах над «военными преступниками», были бы отклонены в любом военно-полевом суде. Даже в 1946 году приобщение обвинением показаний к материалам дела на военно-полевом суде в деле о преступлении, за которое может быть назначена смертная казнь, было запрещено статьёй 25 военно-судебного кодекса США. Статья 38, в свою очередь, требовала применения стандартных федеральных правил о доказательствах.

Что касается вышеупомянутого документа, PS-3868, то было очевидно, что его составил не Хёсс. В противном случае в нём должно было быть написано не «Понимаю по-английски согласно вышеизложенному», а что-то вроде «Данное заявление было написано мной собственноручно».

На менее крупных процессах над «военными преступниками» (Хадамара (Hadamar), Нацвейлера (Natzweiler) и др.) обычным делом были «признания», полностью написанные почерком следователя на английском языке, в конце которых стояло заявление заключённого на немецком о том, что это его показания и что он полностью удовлетворён их переводом на английский! Встречается и такая формулировка (на английском языке): «Удостоверяю, что вышеизложенное было прочитано мне на немецком, моём родном, языке» (см.: David Maxwell-Fyfe (Д. Максвелл-Файф), «War Crimes Trials», том, посвящённый процессу Хадамара, стр. 57).

Утверждалось, что допрос заключённого проводился в форме вопросов и ответов, после чего вопросы стирались, а ответы допрашиваемого записывались на отдельном листе в виде письменного показания, причём делалось это, как правило, лицом, отличным от следователя, проводившего допрос.

В Бельзене, например, все письменные показания были подписаны одним и тем же лицом – майором Смолвудом (Smallwood). На этом процессе, подсудимыми на котором были служащие Берген-Бельзена и Освенцима, адвокаты защиты (англичане и поляки не из числа коммунистов), назначенные судом, разрушили все пункты обвинения, включая «селекции для газовых камер», но их доводы были отвергнуты на том основании, что непреднамеренные заявления и устные и письменные слухи принимаются «не для того, чтобы осудить невиновного, а для того, чтобы осудить виновного» («Law Reports of Trials of War Criminals», Т. 2 (этот небольшой том стоит прочесть целиком)).

После того, как специальный служащий составлял письменное показание, последнее вручалось заключённому в окончательной форме для подписи. Если заключённый не подписывал показание, оно всё равно представлялось суду в качестве доказательства.

Выражаясь на жаргоне процессов над «военными преступниками», возражения могли делаться только в отношении «веса» документа, а не его «допустимости».

Примером неподписанного письменного показания, якобы принадлежащего Хёссу, является документ NO-4498-B. Буква «B» означает, что документ является «переводом» (с машинописной подписью) «оригинального» документа NO-4498-A, составленного на польском языке и будто бы подписанного Хёссом. Существует ещё документ NO-4498-C на английском языке. К показанию B, так называемой «верной копии», показания A и C не прилагаются.

Приводимый Ширером документ PS-3868 трижды подписан в английской редакции, но ни разу – в версии, «переведённой» на немецкий три дня спустя. В документе имеется небольшое изменение, подписанное инициалами Хёсса (с малым «h»), а также целое предложение, полностью написанное почерком следователя (это можно легко увидеть, сравнив хотя бы заглавные «W») и не подписанное инициалами Хёсса. В первом случае инициалы призваны служить доказательством того, что Хёсс «прочёл и исправил» документ. Что же касается предложения, написанного от руки, то в другом месте оно опровергается (XXI 529 [584]).

Когда письменное заявление вручалось заключённому, оно нередко было существенно исправленным, в результате чего появлялись две или больше версий одного и того же документа. В подобных случаях приводилось самое длинное показание, а более короткие версии «утеривались».

Примером подобного может служить документ D-288, на который Ширер также ссылается в своей работе, – письменное показание под присягой Вильгельма Йегера (Wilhelm Jäger; смотри главу «Альберт Шпеер» настоящей работы). Йегер сообщил суду, что он подписал 3 или 4 копии одного и того же документа, который был намного короче. Самая короткая версия была поначалу представлена в деле против священника Круппа, ещё до того, как с того были сняты все обвинения. Что же касается самой длинной версии, то перевод на английский в ней датируется числом, предшествующим дате подписания «оригинала».

Появление Йегера в суде стало настоящим провалом для обвинения, но об этом поспешили забыть (XV 264-283 [291-312]). Вообще, если человек, подпись которого стояла под письменными показаниями (представленными обвинением), давал показания в суде, те неизменно противоречили его письменным показаниям, однако все противоречия попросту игнорировались.

В число других лиц, подписи которых стояли под письменными показаниями и появления которых в суде имели катастрофические последствия, входят генерал Вестхофф (Westhoff), показания которого в 27 (!) местах противоречат его неподписанному «заявлению» (XI 155-189 [176-212]), и «свидетель применения бактериологического оружия» Шрайбер (Schreiber; XXI 547-562 [603-620]). Кроме того, письменное показание переводчика Гитлера Пауля Шмидта (Paul Schmidt) – документ PS-3308, вручённый ему для подписи, когда он был слишком болен, чтобы внимательно его прочесть, – было частично опровергнуто самим Шмидтом (X 222 [252]), но, тем не менее, было использовано в качестве доказательства вины фон Нейрата (XVI 381 [420-421]; XVII 40-41 [49-50]). Эрнст Заукель подписал письменное показание, составленное ещё до того, как его доставили в Нюрнберг (XV 64-68 [76-80]), под принуждением – следователи пригрозили передать русским или полякам его жену и десятерых детей.

Учитывая, что на всех этих процессах подсудимые или свидетели обвинения крайне редко составляли собственные «заявления» (если составляли вообще!), можно часто встретить одинаковые или почти одинаковые предложения или даже целые абзацы в разных документах, будто бы составленных в различные дни различными людьми. Таковыми являются письменные показания №№ 3 и 5 Бласковица и Гальдера (Blaskovitz и Halder, вещественные доказательства 536-US и 537-US, соответственно); документы СССР-471, 472 и 473; документы СССР-264 и 272 (показания о мыле из человеческого жира).

В число других показаний, подписанных Хёссом, входит документ NO-1210, в котором сначала идёт текст на английском (с множеством вставок, дополнений и исправлений, включая два разных черновых наброска страниц 4 и 5), а затем – его перевод на немецкий, подписанный Хёссом. Иными словами, «перевод» – это «оригинал», а «оригинал» – это «перевод».

Документ 749(b)D был «устно переведён» для Хёсса с английского на немецкий, прежде чем тот его подписал. Подпись является крайне нечёткой и неразборчивой, что свидетельствует о возможном недомогании, усталости или пытках. Пытки, которым подвергали Хёсса, подробно описываются Рупертом Батлером в книге «Легионы смерти» (Rupert Butler, «Legions of Death», изд-во «Hamlyn Paperbacks»). Что касается «признаний» Хёсса, сделанных им 1 апреля 1946 года (в День смеха) и приведённых Максвеллом-Файфом, в которых Хёсс «признаётся» в убийстве 4 миллионов евреев (X 389 [439-440]), а не традиционных 2,5 миллиона (в этом он «признался» 5 апреля 1946 года), то те либо никогда не существовали, либо были «утеряны».

Неверно также, что показания Хёсса на Нюрнбергском процессе сводились, в основном, к подтверждению им своего письменного показания; это справедливо только для перекрёстного допроса Хёсса, проведённого полковником армии США Джоном Аменом. В действительности же Хёсс явился в суд для дачи показаний и (что было обычным делом) невероятно противоречил как своему письменному показанию, так и самому себе (XI 396-422 [438-466]). Например, в письменном показании говорится (XI 416 [460]): «мы знали, что люди были мертвы, так как их крики прекращались» (явная нелепость с токсикологической точки зрения), в то время как при даче устных показаний Хёсс заявил (в ответ на крайне неуместные наводящие вопросы «адвоката» Кальтенбруннера, XI 401 [443]), что люди теряли сознание; таким образом, осталось загадкой, как же Хёсс действительно знал, что жертвы были мертвы.

Хёсс забыл сказать, что травля насекомых посредством Циклона-Б длилась два дня, о чём он упоминает в других местах (см.: документ NI-036, стр. 3, текст на немецком, ответ на вопрос № 25, а также «автобиографию» Хёсса «Kommandant in Auschwitz», стр. 155). При использовании столь медленнодействующего яда на людях те умерли бы не от отравления, а от обычного удушья.

Хёсс заявил, что приказ об уничтожении европейских евреев был устным (XI 398 [440]), в то время как приказы держать убийства в тайне были письменными (XI 400 [442]). Он заявил также, что трупы в Освенциме сжигались в ямах (хотя известно, что Освенцим располагался в болотистой местности; XI 420 [464]) и что золотые зубы плавились прямо на месте (XI 417 [460]). Кроме того, Хёсс сообщил, что эвакуация концлагерей, целью которой было не допустить попадания заключённых в руки Красной Армии, привела к ненужным смертям (XI 407 [449-450]) и что, фактически, никакой программы уничтожения не было!

Вот один очень интересный отрывок: «До войны, начавшейся в 1939 году, условия питания, содержания и обращения с заключёнными лагерей были такими же, как и в любой другой тюрьме или исправительном учреждении Рейха. Да, с заключёнными обращались строго, но о методических избиениях или дурном обращении не могло идти и речи. Рейхсфюрер [Гиммлер] неоднократно издавал распоряжения, в которых предупреждалось, что любой эсэсовец, поднявший руку на заключённого, будет наказан. И, действительно, наказание эсэсовцев, дурно обращавшихся с заключёнными, было частым явлением. В то время условия питания и содержания были точно такими же, как и для других заключённых пенитенциарных учреждений.

В те годы условия содержания в лагерях были хорошими, поскольку до массового притока [заключённых], имевшего место во время войны, было ещё далеко. После того, как началась война и стали прибывать крупные партии политических заключённых, и позже, когда с оккупированных территорий стали прибывать пленённые партизаны, лагерные здания и пристройки уже не могли справляться с большим количеством прибывавших заключённых.

В первые годы войны эту задачу ещё удавалось решать с помощью импровизированных мер, но позже, из-за военных нужд, это стало невозможно, поскольку в нашем распоряжении практически не осталось стройматериалов (при этом утверждается, что трупы жертв газовых камер сжигались с использованием дров для растопки! – *Прим. авт.*).

... Это привело к ситуации, при которой у заключённых лагерей уже не было достаточно сил для борьбы со вспыхивавшими эпидемиями... В наши цели не входило добиться как можно большего количества смертей или уничтожить как можно больше заключённых. Рейхсфюрер постоянно думал о том, как бы заполучить как можно больше рабочих рук для военной промышленности...

Случаи дурного обращения и пыток, будто бы имевшие место в концлагерях и истории о которых ходят в народе, так же как и среди заключённых, освобождённых оккупационными войсками, не были, вопреки поверью, систематическими актами, но совершались отдельными руководителями, офицерами или солдатами, прибегавшими к насилию...

Если что-то подобное каким-либо образом доводилось до моего сведения, то виновный, разумеется, тотчас же освобождался от занимаемой должности или переводился в другое место. Таким образом, даже если его не наказывали из-за недостатка улик, доказывавших его вину, то его всё равно освобождали от должности и переводили на другую работу...

Катастрофическая ситуация в конце войны была вызвана тем, что в результате разрушения железных дорог и постоянных бомбардировок промышленных заводов было уже невозможно оказывать надлежащий уход за этими массами людей, в том числе в Освенциме, с его 140 тысячами заключённых, несмотря на импровизированные меры, колонны грузовиков и прочие меры, на которые шли коменданты для улучшения ситуации: всё было тщетно.

Число больных стало просто угрожающим. Лекарств почти не было; повсюду вспыхивали эпидемии. Трудоспособные заключённые были всё время востребованы. По приказу Рейхсфюрера даже полубольных следовало использовать на каких-либо участках промышленности, на которых те могли работать, поэтому каждый уголок в концлагерях, который можно было использовать для жилья, был заполнен больными и умирающими заключёнными.

В конце войны всё ещё оставалось тринадцать концлагерей. Все остальные места, отмеченные здесь на карте, были так называемыми трудовыми лагерями, действовавшими при расположенных там военных заводах...

Если какие-либо акты дурного обращения охранников с заключёнными и имели место (лично я с ними никогда не сталкивался), то их число должно было быть крайне ограниченным, поскольку все лица, ответственные за лагеря, следили за тем, чтобы как можно меньше эсэсовцев входило в непосредственный контакт с заключёнными, ибо со временем качество охранного персонала ухудшилось настолько, что было уже невозможно придерживаться прежних стандартов...

У нас были тысячи охранников родом из всех основных стран мира, едва говоривших по-немецки и вступивших в эти подразделения в качестве добровольцев; у нас были также пожилые люди в возрасте от 50 до 60 лет, не заинтересованные в своей работе, поэтому лагерным комендантам приходилось постоянно следить за тем, чтобы эти люди соблюдали хотя бы самые элементарные требования к своим обязанностям. Кроме того, было очевидно, что среди них имеются элементы, которые будут дурно обращаться с заключёнными, но подобному обращению никогда не потакали.

Кроме того, было уже невозможно управлять всеми этими массами людей с помощью эсэсовцев – на работе или в лагерях, – так что везде одним заключённым приходилось поручать управление над другими заключёнными и контроль за их работой; внутреннее управление лагерями находилось практически под их полным контролем. Несомненно, имело место множество случаев дурного обращения, которых нельзя было предотвратить, поскольку по ночам в лагерях почти не было эсэсовцев. Эсэсовцам позволялось входить на территорию лагеря только в конкретных случаях, поэтому заключённые в той или иной степени зависели от надзирателей, отобранных из числа заключённых».

Вопрос (д-ра Бабеля, адвоката СС):

– Вы уже упомянули о правилах для охранников, но, помимо этого, существовал регламент, действительный для всех лагерей. В этом лагерном регламенте перечислялись наказания для заключённых, нарушавших лагерные правила. Что это были за наказания?

Ответ (Хёсса):

– Прежде всего, перевод в «штрафной отряд» («Strafkompanie»), то есть на тяжёлую работу и строгий режим, затем заключение в изолятор, тёмную камеру, а для особо строптивых заключённых – заковывание в кандалы или связывание. Связывание («Anbinden») было запрещено Рейхсфюрером в 1942 или 1943 году (точно сказать не могу). Имелось также наказание, заключавшееся в стоянии по стойке смирно у входа в лагерь в течение долгого времени («Strafstehen», штрафное стояние), и, наконец, телесное наказание. Впрочем, ни один комендант не мог назначить телесное наказание самостоятельно; для этого ему нужно было подать заявление». (Устные показания Рудольфа Хёсса, 15 апреля 1946 года, XI 403-411 [445-454].)

Похоже, Хёсс пытался защитить свою жену и троих детей и спасти других людей, заявив, что только 60 человек знали о массовых убийствах. Хёсс пытался спасти Кальтенбруннера и поэтому впутал в это дело Эйхмана и Поля, которые ещё не были арестованы. (Смотри для похожего случая письменное показание Гейзига (Heisig), который попытался обвинить Редера, XIII 460-461 [509-510].)

Хёсс выступал в суде в качестве «свидетеля защиты», и перекрёстный допрос Хёсса со стороны обвинения был прекращён самим обвинением (XI 418-419 [461-462]). Похоже, обвинители испугались, что Хёсс спутает их карты.

Знаменитая «автобиография» Хёсса под названием «Kommandant in Auschwitz» не намного лучше его показаний на Нюрнбергском процессе. Вероятно, сначала это было одно гигантское «свидетельское показание», составленное в виде вопросов и ответов в ходе его допросов и затем, после редактирования, вручённое Хёссу, чтобы тот переписал его своей рукой. Согласно этой книге, костры для сжигания были видны за километры (стр. 159 немецкого издания); зловоние также стояло на километры вокруг (стр. 159). Все в округе знали о массовых убийствах (стр. 159), однако семья Хёсса так ничего и не узнала (стр. 129-130). Жертвы знали, что их ждёт газовая камера (стр. 110-111, 125), но их всё же удавалось обманывать (стр. 123-124; см. также документ PS-3868). Хёсс был хроническим алкоголиком, «сознавшимся» в этих вещах, будучи пьян (стр. 95), или под пытками (стр. 145).

Неверно также, что, согласно стр. 126 «автобиографии» Хёсса, трупы из газовых камер вытаскивали капо, которые при этом ели и курили и/или были без противогазов; в тексте об этом не говорится. Как установил Робер Фориссон, Хёсс действительно сделал подобное заявление, но по другому поводу, в ходе одного из «допросов». Польское «переводное» издание этой книги, вышедшее ещё до немецкого «оригинального» издания, похоже, совпадает с немецкой версией, хотя названия мест и даты там отсутствуют; это говорит о том, что сначала, скорее всего, был составлен польский вариант, а вышеуказанные подробности были добавлены в немецкий перевод уже после этого. Полное, не подвергнутое цензуре, собрание «сочинений» Рудольфа Хёсса (на польском языке) можно взять по межбиблиотечному абонементу («Wspomnienia Rudolfa Hössa, Komendanta Obozu Oswiecimskiego»).

Процессы над японскими «военными преступниками»

Немецкие подсудимые, как известно, были осуждены за изготовление «мыла из человеческого жира» (эта байка приводится в качестве подлинного факта в престижном сборнике «International Law» под редакцией Оппенгейма (Oppenheim) и Лаутерпахта (Lauterpacht), 7-е издание, Т. 2, стр. 350); японские же подсудимые на целом ряде процессов были осуждены за приготовление «супа из человечины».

Это не шутка – в 1948 году считалось доказанным, что японцы являются расой врождённых людоедов, которым под страхом смертной казни запрещалось есть трупы погибших сородичей, но которых при этом на официальном уровне поощряли есть американцев. Американцы подавались в жареном виде или в супе, по вкусу. Людей ели даже тогда, когда имелась другая пища, а значит, японцы практиковали людоедство не из-за нужды, а из удовольствия.

Самыми популярными частями тела с кулинарной точки зрения были печень, поджелудочная железа и желчный пузырь. Китайцев глотали в виде пилюль (!).

Это было «доказано», помимо прочего, на следующих процессах:

– «U.S. v Tachibana Yochio and 13 others», Марианские острова, 2-15 августа 1946 г.;

– «Commonwealth of Australia vs. Tazaki Takehiko», Wewak, 30 ноября 1945 г.;

– «Commonwealth of Australia vs. Tomiyasu Tisato», Rabaul, 2 апреля 1946 г.;

– Токийский процесс – самый крупномасштабный процесс над «военными преступниками» за всю историю, прошедший с 3 мая 1946 г. по 12 ноября 1948 г. За ним лично следил Дуглас Макартур (см: «The Tokyo Judgment», Т. 1, стр. 409-410, University of Amsterdam Press, 1977, стр. 49.674-49.675 копии стенограммы, полученной на мимеографе).

Все 25 подсудимых, доживших до конца Токийского процесса, были осуждены. Семеро из них были повешены. В число их преступлений входят:

– планирование, развязывание и ведение «агрессивной войны» против СССР (это при том, что именно СССР напал на Японию в нарушение одного пакта о ненападении через два дня после атомной бомбардировки Хиросимы; в тот же день было подписано Лондонское соглашение, на основании которого был проведён Нюрнбергский процесс);

— планирование, развязывание и ведение «агрессивной войны» против Франции (Франция, как известно, находится в Европе);

— противозаконная морская блокада и бомбардировки гражданского населения (дело Шимады (Shimada); иными словами, действия англичан в Европе были бы противозаконными, если бы их совершали японцы);

— процесс над военными преступниками в военном трибунале (дело Хаты (Hata) и Тойо (Tojo); см. также процесс «U.S. vs. Sawada», на котором было выдвинуто, наверное, самое отвратительное и лицемерное обвинение; «пострадавшей» стороной были семеро американцев, участвовавших в варварской бомбардировке Токио, в результате которой были заживо сожжены 80 тысяч женщин и детей);

— каннибализм (то, что подсудимые лично ели кого-то, не утверждалось).

А вот некоторые из представленных «доказательств»:

— сообщения советской комиссии по расследованию «фашистских» злодеяний;

— отчёты китайских комиссий по военным преступлениям;

— советские отчёты, основанные на японских документах, не прилагаемых к отчётам;

— краткие отчёты о японской военной агрессии в Китае (составленные китайцами);

— 317 отчётов американской комиссии по военным преступлениям (Judge Advocate General War Crimes Reports) общим объёмом в 14.618 страниц, в которых «цитируются» «захваченные» японские документы, личные дневники, признания в людоедстве, приказы о массовых убийствах, приказы об убийстве военнопленных с помощью газа на удалённых тропических островах и т.д. («захваченные документы» к отчётам не прилагались; доказательств их подлинности или существования не требовалось);

— письменные показания японских солдат, находившихся в плену в Сибири;

— письменные показания японцев, в которых «япошки» называются врагами;

— письменные показания офицеров Красной Армии;

— письменные показания неграмотных аборигенов с тропических островов;

– вырезки из газет и журналов (допустимое доказательство в случае с обвинением, но, как правило, не в случае с защитой; так, события в Китае доказывались с помощью цитат из таких американских газет и журналов, как «Chicago Daily Tribune», «New Orleans Times-Picayune», «Sacramento Herald», «Oakland Tribune», «New York Herald», «New York Times», «Christian Science Monitor» и др.);

– «письменное показание под присягой» Маркиса Такугавы (Marquis Takugawa) (оно было составлено на английском, а Такугаве на японском прочитано не было);

– заявления Окавы (Okawa) (Окава был признан невменяемым и отправлен на принудительное лечение, но его заявления, тем не менее, использовались в качестве доказательства);

– показания Танаки (профессиональный свидетель, которому заплатили американцы; будучи пьян, Окава во всём признался Танаке; Танака «Чудовище» Рюкичи (Tanaka Ryukichi) якобы был ответственен за миллионы злодеяний, однако его так и не судили, и он мог свободно разъезжать по Японии);

– дневник Кидо (Kido) (всевозможные слухи и сплетни обо всём, что не нравилось Кидо);

– мемуары Харады (Harada) (у Харады случился инсульт, так что он был не в состоянии диктовать членораздельно; насколько хорошо у него было с памятью и что именно он хотел сказать, одному богу известно; перевод состоит из сплошных догадок и предположений; имеется множество различных «копий», «подкорректированных» множеством людей, отличных от человека, которому он диктовал свои воспоминания; сюда следует также добавить то, что у Харады имелась репутация отъявленного лжеца);

В «Ответе обвинения на доводы защиты», составленном в конце процесса, все доказательства, представленные защитой, были отклонены. Было заявлено, что лучшим свидетелем являются документы (то есть переводы выписок из «копий» без каких-либо подписей или доказательств их происхождения и подлинности). Если обвинение и защита цитировали один и тот же документ, то утверждалось, что обвинение цитирует верно, а защита вырывает фразы из контекста. Слухи имели доказательную силу, зато показания свидетелей защиты доказательной силы не имели. Перекрёстный допрос считался пустой тратой времени.

Пятеро из одиннадцати судей (Уильям Уэбб (William Webb) из Австралии, Дельфин Джаранилла (Delfin Jaranilla) с Филиппин, Берт Рёлинг из Голландии, Анри Бернар (Henri Bernhard) из Франции и Р.Б. Пал (R.B. Pal) из Индии) заявили особое (несогласное) мнение.

Пал составил знаменитое 700-страничное особое мнение, в котором заявил, что большинство доказательств обвинения, относящихся к злодеяниям, не имеет никакой ценности, отметив с сарказмом, что, как он надеется, хотя бы один из документов был составлен на японском языке.

Отличительной чертой процессов над «военными преступниками» является то, что на них ничего не доказывается и что все они противоречат друг другу.

В Токио было заявлено, что китайцы были вправе нарушать «несправедливые» договоры и что попытки японцев обеспечить соблюдение подобных договоров представляли собой «агрессию», ибо эти договоры были «несправедливыми».

Когда на Японию были сброшены атомные бомбы, Шигемицу уже почти 11 месяцев как пытался обсудить условия капитуляции, ещё с 14 сентября 1944 года. Это, разумеется, стало ещё одним «преступлением» – «продлением войны путём переговоров» (!).

«Доказательства» того, что японцы были людоедами, можно найти здесь: «JAG Report 317», стр. 12.467-12.468 копии стенограммы, полученной на мимеографе; вещественные доказательства 1446 и 1447, стр. 12.576-12.577; вещественное доказательство 1873, стр. 14.129-14.130; вещественные доказательства 2056 и 2056А и В, стр. 15.032-15.042.

Альфред Йодль

Йодль был повешен за соучастие в так называемом «приказе о диверсантах» (Kommandobefehl, Commando Order) – приказе расстреливать британских солдат, сражавшихся в гражданской одежде и душивших собственных военнопленных (XV 316-329 [347-362]).

В свою защиту Йодль сказал, что международное право призвано защищать лиц, сражающих в качестве солдат. Солдаты обязаны носить оружие на виду, иметь на себе чётко распознаваемые знаки различия или форменную одежду и гуманно обращаться с пленными. Партизанская война и деятельность британских диверсионных отрядов были запрещены. Суд и казнь партизан и диверсантов были законными, если они проводились с соблюдением статьи 63 Женевской конвенции об обращении с военнопленными 1929 года. (См. также: «Dissentient Judgement of Judge Rutledge, U.S. vs. Yamashita» и «Habeas Corpus Action of Field Marshall Milch».)

Следует отметить, что в результате приказа о диверсантах почти никто не был расстрелян (55 человек в западной Европе, согласно Д. Максвеллу-Файфу, XXII 284 [325]). Целью приказа было не допустить того, чтобы солдаты сражались в подобной манере, полагая, что впоследствии они смогут просто сдаться в плен.

Ещё одно «преступление» Йодля состояло в том, что он известил главнокомандующего сухопутными войсками о том, что Гитлер повторил ранее изданный приказ не принимать предложения о сдаче Ленинграда.

Как и целый ряд других преступлений немцев, эта идея также не имела никаких последствий, поскольку предложения о сдаче Ленинграда так и не поступило. Немцы хотели заставить ленинградцев эвакуироваться в тыл, поскольку было просто невозможно прокормить миллионы людей и предотвратить эпидемии. В немецких позициях на востоке были нарочно оставлены бреши, чтобы население смогло эвакуироваться. Как известно, Киев, Одесса и Харьков капитулировали, но оказались заминированными, в результате чего от взрывных устройств с замедленным действием погибли тысячи немецких солдат. (Кстати, приказ в отношении Ленинграда, документ С-123, не подписан.)

Что касается «уничтожения советских военнопленных», то дело обстояло так. Портовые сооружения были необходимы немцам для военных целей, а советская железнодорожная колея была шире европейской, поэтому немцы не могли перевозить продовольствие, чтобы прокормить миллионы полуголодных военнопленных. Гнусная ложь, выдуманная советской пропагандой, согласно которой немцы истребили миллионы советских военнопленных, была воспринята и продолжает восприниматься всерьёз многими людьми, которые не знают подлинных причин высокой смертности среди советских военнопленных.

Обвинения, выдвинутые против Йодля, хорошо показывают нелепость всего процесса. Об этом хорошо сказал его адвокат Экснер: «Убийство и революция. В мирное время это привело бы к гражданской войне, в военное время – к немедленному крушению фронта и концу Рейха. Нужно ли было ему тогда воскликнуть: «Fiat justia, pereat patria!» («Да здравствует правосудие, пусть даже родина погибнет!»)? Такое впечатление, что обвинение действительно считает, что подобного поведения можно требовать от всех подсудимых. Поразительная идея! Вопрос о том, можно ли вообще оправдать с этической точки зрения убийство и измену, пускай решают моралисты и богословы. Как бы то ни было, юристы не могут это даже обсуждать. Быть обязанным под страхом наказания убить главу государства? Солдат должен так поступить? Да ещё во время войны? Те, кто совершали подобные действия, всегда наказывались, но наказывать их за то, что они так не поступили, – это действительно что-то новое» (XIX 45 [54]; XXII 86-90 [100-105]). (Кстати, японских генералов вешали за то, что они вмешивались в политику.)

По другому случаю Экснер воскликнул: «Только на одной странице англо-американского меморандума по делу (справки для адвоката, ведущего дело) фраза «Йодль присутствовал на» встречается шесть раз. Что это означает с юридической точки зрения?» (XIX 37 [44])

Один из советских обвинителей, полковник Покровский, задал Йодлю следующий вопрос: «Знали ли Вы о том, что немецкие войска... четвертовали, вешали вниз головой и жарили военнопленных над огнём? Вы об этом знали?» На это Йодль ответил: «Я об этом не только не знал, но и не верю в это» (XV 545 [595]).

Таким образом, всю обширную тему о процессах над «военными преступниками» можно свести к этим двум-трём предложениям.

Смотри о Йодле здесь: XV 284-561 [313-612]; XVIII 506-510 [554-558]; XIX 1-46 [7-55].

Эрнст Кальтенбруннер

Кальтенбруннера во время перекрёстного допроса с возмущением спросили, как это он смеет утверждать, что он говорит правду, а 20-30 свидетелей лгут! (XI 349 [385])

«Свидетели» эти в суд, разумеется, не явились. То были всего лишь имена, написанные на клочке бумаги. Одно из этих имён принадлежало Францу Цирайсу, коменданту концлагеря Маутхаузен.

Цирайс «сознался» в убийстве с помощью газа 65 тысяч человек, изготовлении абажуров из человеческой кожи и печатании фальшивых денег. Кроме того, он составил сложную таблицу статических данных о точном количестве заключённых 31 лагеря. И, наконец, он обвинил Кальтенбруннера в том, что тот отдал приказ убить всех заключённых Маутхаузена при приближении американцев.

Когда Цирайс сделал это «признание», он уже десять месяцев как лежал в могиле. К счастью, его «признание» «вспомнил» другой человек – узник концлагеря по имени Ганс Марсалек, который в Нюрнберге так и не появился, но подпись которого стоит в документе (документ PS-3870, XXXIII 279-286).

В кавычках приводится текст страниц 1-6 (!) данного документа, в том числе статистическая таблица, в которой, к примеру, утверждается, что в Эбензее было 12.000 заключённых, в Маутхаузене – 12.000, в Гузене I и II – 24.000, в Шлосс-Линдте – 20, в Клагенфурте-Юнкершуле – 70, и так – для каждого 31 лагеря из таблицы.

Этот документ не подписан ни одним из лиц, будто бы присутствовавших тогда, когда Цирайс делал своё «признание»; никаких заметок, будто бы делавшихся при этом, к документу не прилагаются. На документе имеются только две подписи: Ганса Марсалека, заключённого, и Смита Брукхарта (Smith W. Brookhart Jr.), армия США. В документе проставлено 8 апреля 1946 года. Цирайс же умер 23 мая 1945 года, то есть почти за год до этого.

Было заявлено, что Цирайс был тогда слишком болен (в итоге он скончался от многочисленных пулевых ранений в живот), чтобы что-либо подписывать, но зато был достаточно здоров для того, чтобы продиктовать этот длинный и сложный документ, который затем, почти через год, был дословно «вспомнен» Марсалеком. А причин для того, чтобы лгать, у Марсалека, разумеется, не было. Документ составлен на немецком языке.

Что касается Брукхарта, то он был известен тем, что писал признания за других. Так, ему принадлежат «признания» Рудольфа Хёсса (на английском языке, документ PS-3868) и Отто Олендорфа (на немецком языке, документ PS-2620). Брукхарт был сыном американского сенатора. В 1992 году автор написал ему письмо, в котором спрашивал, нет ли у него каких-либо бумаг или мемуаров. Ответа на своё письмо автор так и не получил.

«Признание» Цирайса приняли и продолжают принимать за чистую монету Рейтлингер, Ширер, Хильберг и другие проповедники голохвоста.

Кальтенбруннер утверждал, что во время войны у немцев имелось только 13 основных концлагерей («Stammlager») (XI 268-269 [298-299]). Число в 300 концлагерей, приводимое обвинением, было достигнуто путём включения в список обычных трудовых лагерей. Кроме того, один из этих лагерей, Мацгау, находившийся недалеко от Данцига, был особым лагерем. Его заключёнными были эсэсовцы-охранники и полицейские, осуждённые за преступления против заключённых: избиение, присвоение чужого имущества, кражу личных предметов и т.д. Этот лагерь был захвачен в конце войны Красной Армией (XI 312, 316 [345, 350]).

Кальтенбруннер сказал, что приговоры, выносимые эсэсовскими и полицейскими судами, были намного суровее приговоров, выносимых другими судами за аналогичные преступления. СС часто возбуждала дела против своих членов за преступления против заключённых и дисциплинарные проступки (XXI 264-291, 369-370 [294-323, 408-409]).

По закону допрос третьей степени можно было проводить исключительно с целью получения информации о будущей партизанской деятельности; проводить подобный допрос для получения признаний было запрещено. На допросе третьей степени обязательно должен был присутствовать врач. Разрешались удары палкой по голым ягодицам, число которых не могло превышать двадцати; эту процедуру разрешалось проводить только один раз. Другие формы «нацистских пыток» включали в себя помещение заключённого в тёмную камеру или стояние на ногах во время длительных допросов (XX 164, 180-181 [184, 202-203]; XXI 502-510, 528-530 [556-565, 583-584]).

Кальтенбруннер и многие другие свидетели защиты утверждали, что аналогичные методы используются полицией во всём мире (XI 312 [346]) и что с целью изучения немецких методов ведения допроса в Германию приезжали уважаемые полицейские служащие из-за рубежа (XXI 373 [412]).

Доказательства и доводы защиты по этому и другим аналогичным вопросам составляют тысячи и тысячи страниц, распределённых между стенограммами заседаний Трибунала, показаниями перед «комиссией», и 136.000 письменными показаниями под присягой (XXI 346-373 [382-412], 415 [458], 444 [492]).

Кальтенбруннер был осуждён за сговор с целью «линчевания» пилотов союзников, бомбивших мирных жителей. Акты линчевания подобного рода действительно противоречили бы нормам международного права, но их попросту не было. Многие лётчики были спасены от разъярённой толпы немецкими полицейскими и военными. Немцы отказались от подобных методов, опасаясь, что убивать станут всех лётчиков, выбрасывающихся с парашютом. Как и целый ряд других немецких преступлений, эта идея также не имела никаких последствий (XXI 406-407 [449-450], 472-476 [522-527]).

Другим преступлением, якобы совершённым Кальтенбруннером, была ответственность за так называемое «Пулевое распоряжение» («Kugelerlass») – предполагаемый приказ расстреливать военнопленных с помощью хитроумного измерительного прибора (его создатели, вероятно, были вдохновлены машиной для выбивания мозгов Пауля Вальдманна, управляемой при помощи ножного рычага, см.: документ СССР-52, VII 377 [416-417]).

«Пулевое распоряжение», документ PS-1650, даже если предположить, что этот документ подлинный (что, впрочем, маловероятно; XVIII 35-36 [43-44]), является результатом ошибочного перевода: смысл данного приказа заключается в том, что пленников, пытающихся сбежать, следует приковывать к железному ядру («Kugel» по-немецки), а не расстреливать, используя пулю (также «Kugel»). Слово «приковывать» появляется в документе, а слово «расстреливать» – нет (III 506 [565]; XXI 514 [568]; Gestapo Affidavit 75; XXI 299 [332]). Данный документ был передан по телетайпу, а значит, подписи на нём нет (XXVII 424-428).

Термин «Sonderbehandlung» («особое обращение») является примером грубого жаргона, используемого всеми чиновниками; лучше всего его перевести как «обращение от случая к случаю». Кальтенбруннеру удалось показать, что в одном случае это означало право пить шампанское и брать уроки французского. Обвинение попросту перепутало зимний спортивный лагерь с лагерем концентрационным (XI 338-339 [374-375]). Спортивный лагерь встречается в документе PS-3839 (XXXIII 197-199) – «письменном показании под присягой».

Смотри о Кальтенбруннере здесь: XI 232-386 [259-427]; XVIII 40-68 [49-80].

Вильгельм Кейтель

Кейтель был повешен за ответственность за злодеяния, будто бы имевшие место на территории СССР, а также за комиссарский приказ и приказ «Ночь и туман». Доказательства, представленные против Кейтеля, состоят, большей частью, из сообщений «Чрезвычайной Государственной Комиссии по установлению и расследованию злодеяний немецко-фашистских захватчиков и их сообщников» (XVII 611-612 [663-664]; XXII 76-83 [90-98]). Последние представляют собой краткие обзоры с выводами, заключениями и обобщениями без каких-либо доказательств или документов в их подтверждение. В этих «сообщениях» неправильно называются и путаются военные учреждения.

В число советских документов, на основании которых Кейтель был приговорён к смертной казни, входят документы СССР-4, 9, 10, 35, 38, 40, 90, 364, 366, 407 и 470.

Документ под номером СССР-4 представляет собой «Сообщение Чрезвычайной Государственной Комиссии об истреблении гитлеровцами советских людей путём заражения их сыпным тифом». Ответственность за это преступление возлагается на «гитлеровское правительство и верховное командование германской армии». (См. также: «Report on U.S. Crimes in Korea», Peking (1952), в котором описывается применение американцами бактериологического оружия.)

Документы СССР-9, 35 и 38 также являются сообщениями Чрезвычайной государственной комиссии.

Документ СССР-90 представляет собой приговор советского военного трибунала, в котором утверждается, что «немецко-фашистские захватчики совершили чудовищные злодеяния», и который приписывает эти преступления ОКВ (Верховному главнокомандованию вооруженными силами Германии).

Оригинальные документы ко всем этим сообщениям не прилагаются, конкретные приказы не упоминаются. Имя Кейтеля там также не упоминается. Другие документы являются «верными копиями» (XVIII 9-12 [16-19]) документов, будто бы находившихся в распоряжении советской стороны.

Приказ «Ночь и туман» (XVIII 19-22 [27-30]) был издан в качестве альтернативы расстрелам членов Сопротивления. Обвинение признало, что расстрел подобных лиц был законным (V 405 [456]), однако немцы считали нежелательным приговаривать всех до одного к расстрелу. Тюремное же заключение считалось недостаточно суровым наказанием, поскольку все тогда считали, что война скоро закончится (XXI 524 [578-579]).

Что касается знаменитого «комиссарского приказа», то он не дал почти никакого эффекта, частью из-за того, что было не так-то просто установить, кто именно является комиссаром (XXI 404-405 [446-447]; XXII 77 [91]).

Кейтеля по сей день обвиняют в том, что он закрыл доступ к Гитлеру, то есть делал так, что до Гитлера не доходила определённая информация. Это, просто смехотворное, обвинение опровергается на стр. 645-661 [710-717] тома XVII.

Против Кейтеля использовались также документ PS-81, на который Джексон сослался в своей вступительной речи, и документ СССР-470 – «верная копия» (то есть машинописная копия документа, заверенная как «совпадающая» с «оригиналом») «оригинального документа», целиком составленного на сербскохорватском (!) языке и будто бы хранящегося в Югославии, с «подписью» Кейтеля, напечатанной на машинке (!). То, что Кейтель говорил по-сербскохорватски, не утверждалось; взамен, однако, утверждалось, что это «перевод» документа, составленного на немецком языке, найти который югославам, к сожалению, не удалось (XV 530-536 [578-585]).

Смотри о Кейтеле здесь: X 468-658 [527-724]; XI 1-28 [7-37]; XVII 603-661 [654-717]; XVIII 1-40 [7-48].

Константин фон Нейрат

Фон Нейрат стал жертвой грубой подделки – документа PS-3859. Чехи перепечатали подлинный документ, сделав в нём множество изменений и дополнений, и представили Трибуналу «фотокопию» их «копии» (с подписями, напечатанными на машинке). Оригинальный документ находился в Чехословакии.

В этом документе почти всё неправильно, что не удивительно – немецкий чиновничий аппарат был крайне запутанной машиной. Вообще, во множестве документов обвинения имеются неверные адреса, ошибочные ссылки и неправильные процессуальные заметки, которые не сразу бросаются в глаза. В отношении документа PS-3859 фон Нейрат сказал: «Весьма сожалею, но вы лжёте» (XVII 67 [79], 373-377 [409-413]).

Фон Нейрат был осуждён за закрытие чешских университетов (согласно международному праву, подобные действия со стороны оккупационных властей не являются преступлением) и расстрел девяти чешских студентов после демонстрации. Эти «преступления» были «доказаны» с помощью целого ряда документов: СССР-489, «верной копии», заверенной чехами; СССР-60, сообщения чрезвычайной комиссии по расследованию «фашистских» злодеяний, в котором приводятся «заявления» Карла Германа Франка (Karl Hermann Frank), не прилагаемые к сообщению; СССР-494, «письменного показания под присягой», подписанного Карлом Германом Франком за 33 дня до своей казни. Само собой разумеется, что заявления, приписываемые Франку в сообщении советской комиссии, не были подписаны, и в них не была проставлена дата. Оригинальные документы находились в Чехословакии (XVII 85-90 [98-104]).

Внушительная часть «доказательств», сфабрикованных против фон Нейрата, Шахта, фон Папена, Редера и других, была получена на основании письменных показаний престарелого американского дипломата, проживавшего на тот момент в Мексике (документы PS-1760; PS-2385; PS-2386; EC-451).

Было заявлено, что этот дипломат по имени Мессерсмит (Messersmith) слишком стар, чтобы выступать в суде (II 350 [387]). Вместе с тем возможность того, что он страдает старческим слабоумием, была отвергнута (II 352 [389]). Эти «доказательства» состоят из личных оценок мотивации и характера других людей, данных Мессерсмитом.

Смотри о фон Нейрате здесь: XVI 593-673 [649-737]; XVII 2-107 [9-121]; XIX 216-311 [242-345].

Франц фон Папен

Фон Папен был обвинён в том, что он сговорился с Гитлером убедить Гинденбурга назначить Гитлера рейхсканцлером. Согласно этой версии, фон Папен обманным путём заставил Гинденбурга поверить, что если этого не будет сделано, то в Германии начнётся гражданская война.

Тогдашний рейхсканцлер, генерал фон Шлейхер одно время пытался править в нарушение закона и конституции, не имея поддержки национал-социалистов, получивших наибольшее количество голосов за всю историю Рейхстага. Многие «противоправные» действия Гитлера относятся как раз к периоду правления фон Шлейхера (XXII 102-103 [118-119]). Это была единственная альтернатива хаосу, созданному 41 политической партией, каждая из которых представляла чьи-то частные финансовые интересы.

В 1946 году представители западных стран-победительниц заявили фон Папену, что в 1933 году он должен был предвидеть желание Гитлера развязать «агрессивную войну» и сотрудничать с фон Шлейхером с целью установления в стране военной диктатуры.

Впоследствии, во время путча Рема, фон Шлейхер был расстрелян. Гинденбург считал те расстрелы законными, что доказывается телеграммой, в которой он поздравляет Гитлера с подавлением путча (XX 291 [319]; XXI 350 [386], 577-578 [636-637]; XXII 117 [134-135]).

Фон Папен также считал расстрел Рема и его сторонников оправданным чрезвычайными обстоятельствами (XVI 364 [401]), но в то же время он полагал, что имело место множество других, неоправданных, убийств и что Гитлер должен был провести расследование и наказать виновных. Этого, однако, сделано не было.

В Нюрнберге обвинение признало, что программа национал-социалистической партии не содержала ничего противозаконного и была чуть ли не похвальной (II 105 [123]). Национал-социалистическая партия была признана законной как оккупационными властями Рейнской области в 1925 году (XXI 455 [505]) и верховным судом Германии в 1932 году (XXI 568 [626]), так и Лигой наций и польским генеральным резидентом в Данциге в 1930 году (XVIII 169 [187-188]).

В 1933 году было неясно, станет ли армия единодушно поддерживать фон Шлейхера в его противостоянии с национал-социалистами, имевшими законное право на власть. Благодаря отказу Гинденбурга нарушить конституцию (что вполне могло бы привести к гражданской войне), Гитлер пришёл к власти совершенно законным путём (см. также: XXII 111-112 [128-129]).

Фон Папена обвиняли в «аморальных актах, совершённых в осуществление Общего плана», таких как использование обращения на «ты» (!) в беседе с министром иностранных дел Австрии Гвидо Шмидтом. На это фон Папен ответил: «Сэр Давид, если бы Вы хоть раз были в Австрии, Вы бы знали, что в Австрии почти все называют друг друга "на ты"» (XVI 394 [435]).

Действия фон Папена, которые никак нельзя было назвать преступными, были использованы для того, чтобы доказать «двуличность» подсудимого. Благодаря ретроспективному чтению мыслей фон Папена в его давних поступках был обнаружен злой умысел.

Иногда утверждается, что раз фон Папен, Фриче и Шахт были оправданы, то, значит, Нюрнбергский процесс был справедливым. Впрочем, подобная аргументация не подходит для Токийского и множества других процессов, на которых оправдательных приговоров не было. Забывается также, что на процессах над ведьмами, проходивших в XVII веке, доля оправдательных приговоров составляла 5-10%.

Смотри о фон Папене здесь: XVI 236-422 [261-466]; XIX 124-177 [139-199].

Эрих Редер

Редер был обвинён в том, что он «сговорился» с японцами напасть на США. В число других преступлений, совершённых Редером, входят слушание речей, присутствие на конференциях, осведомлённость о чрезвычайных планах и принятие подарков ко дню рождения от Гитлера (что, разумеется, доказывает его «добровольное участие в Общем плане»).

Редер доказал, что американцы знали о готовящемся нападении на Пирл-Харбор ещё за 10 дней до него, в то время как немцы о нём ничего не знали (XIV 122 [137-138])

Обсуждение Редером военной подготовленности Германии и речей Гитлера смотри в главе о фон Риббентропе. Смотри также о Редере здесь: XIII 595-599 [656-660], 617-631 [680-696]; XIV 1-246 [7-275]; XVIII 372-430 [406-470].

Иоахим фон Риббентроп

Фон Риббентроп был повешен за подписание советско-германского пакта о ненападении, благодаря которому стало возможно нападение на Польшу. Свои действия Риббентроп оправдывал тем, что в течение 20 лет из Польши был депортирован один миллион немцев и при этом имело место множество злодеяний. Всё это время жалобы, отправляемые во Всемирный суд в Гааге и Лигу наций в Женеве, попросту игнорировались. Жертвами были этнические немцы («фольксдойче») с польским гражданством, проживавшие на территориях, переданных новоиспечённому польскому государству по Версальскому мирному договору.

23 октября 1938 года Риббентроп сделал полякам предложение, которое британский посол в Берлине Невилл Хендерсон назвал разумным («предложение в духе Лиги наций»). Риббентроп потребовал проведения плебисцита в Польском коридоре, возвращения Данцига (чисто немецкого города) и строительства экстерриториальной двухколейной железной дороги и шоссе через Коридор к Восточной Пруссии, которая с 1919 года была отделена от остальной части Германии и попасть в которую можно было только морским путём, что было просто невыносимо; иными словами, речь шла о сухопутном мосте к Восточной Пруссии (X 260-269 [295-304]; 280-281 [317-318]; 367-369 [416-417]).

Взамен поляки получали значительные экономические привилегии: право пользоваться портовыми сооружениями Данцига и гарантию беспрепятственного вывоза польских товаров через порт данного города. Будущее Коридора решалось бы согласно принципу самоопределения, поляки получили бы доступ к морю, а германо-польский пакт о дружбе (подписанный Гитлером в 1934 году вопреки сильному неприятию в самой Германии) был бы продлён на новый срок (XIX 362-368 [399-406]). (Версию тех же событий в изложении обвинителей смотри здесь: III 209-229 [237-260].)

Таков был «нацистский план по завоеванию мира», ставший для союзников поводом для всей войны, включая Пирл-Харбор, Хиросиму и Ялту.

В ответ на немецкое предложение поляки заявили, что любое изменение статуса Данцига будет означать войну. Была объявлена всеобщая мобилизация. Депортации немцев продолжились, в результате чего у польско-германской границы стали появляться всё новые лагеря беженцев.

31 августа 1939 года польский посол в Германии Липский заявил, что он хорошо осведомлён об обстановке внутри Германии, проработав там не один год. Никакие дипломатические ноты или предложения со стороны Германии его не интересуют. В случае войны в Германии вспыхнет революция, и польская армия с триумфом дойдёт до самого Берлина (XVII 520-521 [565-566], 564-566 [611-614]; XX 607 [661]).

Риббентроп утверждал, что подобное отношение со стороны поляков делало войну неизбежной, что вопрос Коридора и депортаций обязательно нужно было решить, что и для Гитлера, и для Сталина соответствующие территории были землями, которых их страны лишились после губительной войны, за которой последовали не менее губительные мирные договоры (X 224-444 [254-500]; XVII 555-603 [602-655]).

В Нюрнберге у немцев для этого было только одно объяснение: поляки и англичане поддерживали контакт с так называемым немецким «сопротивлением», которое сильно преувеличивало свои масштабы (XVII 645-661 [699-717]; XIII 111-112 [125-126]).

В качестве свидетеля на суде выступил переводчик Гитлера Пауль Шмидт, который поведал, что немцы оказывались верить в то, что англичане вступят в войну после того, как их собственный посол назвал действия Германии разумными. Согласно Шмидту, когда было получено сообщение о том, что Англия объявила Германии войну, в комнате на целую минуту воцарилось молчание, после чего Гитлер повернулся к Риббентропу и сказал: «И что же нам теперь делать?» (X 200 [227])

Показания Шмидта пролили свет на знаменитое высказывание, приписываемое Риббентропу, согласно которому евреев следует либо убивать, либо отправлять в концлагеря. Согласно

Шмидту (X 203-204 [231]), в действительности дело обстояло так. Гитлер оказывал давление на Хорти, побуждая его принять более жёсткие меры по отношению к евреям. Хорти сказал: «Что я должен делать? Я не могу их убить». На это Риббентроп, будучи крайне раздражён, ответил: «Есть два варианта: либо это, либо интернирование». В протокол конференции это было включено как: «Рейхсминистр иностранных дел сказал, что евреев нужно либо убивать, либо отправлять в концлагеря». На Нюрнбергском процессе эти слова были использованы против Риббентропа и всех других подсудимых, несмотря на показания Шмидта (всеми уважаемого человека, не бывшего членом нацистской партии), согласно которым протокол конференции был неточным (X 410-411 [462-463]).

Согласно Риббентропу, Редеру, Герингу и почти всем подсудимым (за исключением Шахта), Германия не была готова к войне и не планировала никакой «агрессии» (XVII 522 [566-567]; XXII 62, 90 [76, 105]).

Вторжение в Бельгию, Голландию и Францию нельзя назвать агрессией, поскольку это Франция объявила Германии войну, а Бельгия и Голландия разрешали английским самолётам каждую ночь пролетать над их территорией и бомбить Рур; в связи с этим немцы 127 раз выражали протест в письменной форме (XVII 581 [630]; XIX 10 [16]).

Геринг, Редер, Мильх и многие другие сообщили, что в 1939 году у Германии было только 26 подводных лодок, годных для эксплуатации в Атлантическом океане, по сравнению с 315 подводными лодками в 1919 году (XIV 26 [34]), и смехотворное, согласно словам Мильха, количество бомб (XIX 4-5 [11-12]).

В мае 1939 года Гитлер сообщил Мильху, что в производстве бомб в полном объёме нет необходимости, поскольку никакой войны не будет. На это Мильх ответил, что полного объёма производства бомб в любом случае можно будет достигнуть только через несколько месяцев, поскольку для этого нужно время. В конце концов приказ о переходе на полный объём производства бомб был отдан только 12 или 20 октября 1939 года (IX 50 [60-61]; XVII 522 [566-567]).

Немецкие ВВС предназначались для оборонительных бомбардировок точечных целей; до 1938 года Германия сотрудничала с СССР и Великобританией в обмен на техническую информацию о военных параметрах (IX 45-133 [54-153]; XIV 298-351 [332-389]).

Немцы так никогда и не построили количества боевых кораблей и, в особенности, подводных лодок (XIV 24 [31]), дозволенного им по условиям англо-германского военно-морского соглашения 1935 года (XVIII 379-389 [412-425]). Это соглашение означало, что англичане признают, что Версальский мирный договор устарел. Кроме того, Гитлер по собственной инициативе ограничил запас немецких военно-морских вооружений и боеприпасов (XIX 224-232 [250-259]).

Когда началась война, многие крупные немецкие боевые корабли всё еще находились на стадии строительства, и их пришлось сдать на металлолом, так как для завершения их строительства понадобилось бы несколько лет (XIII 249-250 [279-280], 620-624 [683-687]). Согласно письменному показанию капитана одного из крупнейших немецких боевых кораблей «Гнайзенау» («Gneisenau»), когда началась война, его корабль находился в учебном плавании у Канарских островов, не имея на борту никаких боеприпасов (XXI 385 [425]).

Гитлер любил блефовать и запугивать политиков крайне нелогичными речами, противоречащими как самим себе (XIV 34-48 [43-59], 329-330 [366]), так и друг другу (XXII 66-68 [80-81]). По этой причине до 1941 года стенограммы его выступлений никогда не делались (XIV 314-315 [349-350]).

Многие из «речей Гитлера» частично или полностью являются подделками (XVII 406-408 [445-447]; XVIII 390-402 [426-439]; XXII 65 [78-79]).

Немцы полагали, что Версальский договор их больше не связывает, поскольку его условия (в частности, преамбула к пятой части) были нарушены и англичанами, и, в ещё большей степени, французами. Согласно Версальскому договору, вслед за разоружением Германии должно было последовать всеобщее разоружение (IX 4-7 [12-14]; XIX 242 [269], 356 [392]).

Гитлер сказал, что готов разоружиться «до последнего пулемёта» – при условии, что другие государства поступят точно так же; Германия, однако, не могла вечно оставаться в ослабленной позиции, при которой её в любой момент могли захватить и уничтожить. Ремилитаризация Рейнской области дала Германии естественные границы, защищающие Рур; это был совершенно нормальный поступок для любого правительства. Восточная Европа жаждала конфликта между государствами с крупными запасами вооружений, Восточная Пруссия была незащищена, а Польша открыто требовала частей территории Верхней Силезии (XII 476-479 [520-524]; XIX 224-232 [249-259]; XX 570-571 [623-624]).

Советско-французское соглашение от 5 декабря 1934 года стало нарушением локарнских договоров, однако в Нюрнберге виновной в их нарушении назвали Германию (XIX 254, 269, 277 [283, 299, 308]).

Было не ясно, нарушает ли оккупация «остаточной» Чехословакии Мюнхенское соглашение (X 259 [293-294]). Это было сделано из-за того, что СССР строил там аэродромы в сотрудничестве с чехами, рассчитывая превратить «остаточную» Чехословакию в «авианосец», с которого можно будет напасть на Германию (X 348 [394-395]; 427-430 [480-484]).

Как известно, Рузвельт заявил, что интересы США простираются на всё Западное полушарие, а англичане хотели превратить в свои доминионы чуть ли не полмира, так что интересы Германии вполне могли простираться на часть Чехословакии. От Праги до Берлина было полчаса лёту, и чешские действия представляли явную угрозу безопасности Германии.

Вообще, нет таких договоров, которые бы длились вечно. Все договора рано или поздно становятся устаревшими и заменяются новыми. Это, как правило, предусматривается в самом договоре в виде формулировки «rebus sic stantibus» («при неизменном положении вещей», «пока обстоятельства не изменились»). А к 1935 году Версальский и локарнские договоры явно устарели.

Альфред Розенберг и Эрнст Заукель

Как и Франка, Розенберга обвинили в «хищении» и «разграблении» произведений искусства. И Розенберг, и Франк отметили, что, согласно положениям 4-й Гаагской конвенции о сухопутной войне, Германия была обязана охранять произведения искусства, а для этого их необходимо было вывозить из района боевых действий. Произведения искусства аккуратно упаковывались, оценивались и реставрировались. Если бы немцы действительно хотели «грабить» и «мародёрствовать», то для этого им не нужно было бы составлять каталоги всех этих предметов, занося в них точную информацию об имени, фамилии и адресе владельца, если те были известны.

Несколько произведений искусства были присвоены Герингом, но не для личного пользования, а для музея, который Гитлер намеревался открыть в Линце. Розенберг протестовал против подобного присвоения на том основании, что в его обязанности входило хранить все коллекции в нетронутом виде вплоть до конца войны, в надежде на то, что в отношении этих предметов можно будет достичь мирного соглашения.

Розенберга обвинили также в хищении тысяч железнодорожных вагонов с мебелью. Мебель эта принадлежала евреям, покинувшим свои дома при немецком наступлении на Париж. Еврейские квартиры были опечатаны сроком на 90 дней, после чего имевшееся в них имущество было конфисковано как брошенное, поскольку его сохранность нельзя было обеспечить. Впоследствии оно передавалось немецким гражданам, чьи дома были разрушены союзническими бомбардировками. Немцы опять-таки надеялись достичь соглашения по этим предметам при заключении мирного договора.

Министерство Розенберга получало большое количество жалоб, каждая из которых тщательно изучалась. Многие из жалоб были признаны необоснованными. В Нюрнберге же было сочтено, что все эти жалобы были обоснованными. Письма, полученные Розенбергом, использовались в качестве доказательства его вины – несмотря на то, что ответы его на эти письма были утеряны. Было решено, что эти жалобы и письма доказывают «добровольное участие в Общем плане».

Розенберга обвинили в том, что он сговорился с Заукелем с целью получения «рабов» с оккупированных территорий для военной промышленности. В ответ Розенберг, Заукель, Шпеер, Геринг и Зейсс-Инкварт заявили, что если бы не союзническая блокада, то никакого «разграбления» и «рабства» не понадобилось бы, а также что морская блокада была противозаконной и привела к массовой безработице на оккупированных территориях и что, согласно 4-й Гаагской конвенции о сухопутной войне, оккупационные правительства вправе требовать платы в виде услуг. Что касается «рабов», то они получали ту же зарплату, что и немецкие рабочие, исполнявшие трудовую повинность. Функ сообщил, что в течение войны «рабы» отправили своим семьям 2 миллиарда рейхсмарок из своих зарплат (XIII 136 [153]). Зейсс-Инкварт сообщил, что в одной только Голландии блокада сделала безработными полмиллиона человек, и что, если бы им не была предоставлена работа (либо на добровольной, либо на принудительной основе), то они бы вступили в движение Сопротивления, которое было противозаконно согласно международному праву. Они были вполне рады работать на немецких оборонительных сооружениях в Голландии, поскольку это делало менее вероятным вторжение союзников через Голландию (возможность вторжения союзников явилась также причиной депортации голландских евреев) (XV 662-668 [719-726]; XIX 99-102 [113-115]).

Фриче и другие сообщили, что «рабы» могли свободно прогуливаться по улицам всех немецких городов (XVII 163-164 [183-184]), имели более чем достаточно денег и контролировали чёрный рынок (XIV 590 [649]). Кроме того, сотни тысяч этих «рабов» отказались покидать Германию после войны, несмотря на то, что их страны были теперь «освобождены», а Германия лежала в руинах (XVIII 155 [172-173]). И, наконец, «рабы» вовсе не стали бунтовать в конце войны (XVIII 129-163 [144-181], 466-506 [509-554]; XIX 177-216 [199-242]; XXI 471-472 [521-522]).

Заукель показал, что во Франции набор рабочей силы для «рабского труда» проводился французским правительством и французскими коллаборационистскими организациями. Многие хотели работать «по принуждению», чтобы избежать репрессалий со стороны Сопротивления (XV 1-263 [7-290]), и все они получали ту же зарплату, работали на тех же договорных условиях и пользовались теми же привилегиями в области здравоохранения, что и немецкие рабочие.

Что касается «грабежа» оккупированных территорий, то туда, наоборот, нужно было доставлять множество ценного оборудования. В СССР при отступлении было уничтожено буквально всё, поэтому немцам приходилось ввозить туда своё собственное, дорогостоящее оборудование. Отступая, немцы забирали с собой всё ввезённое ими оборудование; это было названо «грабежом» (IX 171-172 [195-196]).

Примером жалобы, ставшей «преступлением», была история о «посетителях театра, угнанных в рабство». Заукель несколько месяцев изучал эту жалобу и установил, что речь шла о случае, когда один трудовой подрядчик прервал вечеринку, организованную для его рабочих, чтобы отправить их на другое рабочее место (XV 17-18 [25-26]).

По мере того, как положение Германии на фронтах становилось всё тяжелее, немцам требовалось всё больше рабочих рук. Если союзники имели право конфисковывать имущество нейтральных стран в открытом море, то немцы уж точно имели право использовать ресурсы оккупированных стран на суше.

Розенберга обвинили также в организации так называемой «сенной акции» («Heu Aktion»), при которой якобы было похищено и угнано в рабство 50 тысяч детей. И Розенберг, и фон Ширах показали, что в действительности речь шла об ученической программе, целью которой была эвакуация сирот из зоны боевых действий (XI 489-490 [538-539]; XIV 501-505 [552-556]). Если сирот не эвакуировало министерство Розенберга, то это делал Вермахт.

Похожее обвинение было связано с организацией «Лебенсборн» («Lebensborn»). Её целью, если верить психически нездоровым «историкам»-евреям, было похищение новорождённых детей после измерения величины их детородных органов. В действительности же данная организация была создана для того, чтобы снимать клеймо незаконнорождённости и помогать многодетным семьям (XXI 654-664 немецкого издания; в издание на английском языке эти страницы не вошли; см также: XXI 352 [389]).

Смотри о Розенберге здесь: XI 444-599 [490-656]; XVIII 69-128 [81-143].

Ялмар Шахт

Шахт представляет собой аномальный случай: выдвинутые против него обвинения противоречат тем, что были выдвинуты против остальных подсудимых. Если других подсудимых обвиняли в совершении «аморальных поступков», доказывающих их «добровольное участие в Общем плане» (принятие подарков ко дню рождения, выступление с речами по случаю дня рождения, фотографирование с Гитлером, подписание законов, утверждённых главой государства, заключение с главой государства политического соглашения), или в том, что они не исполнили свой моральный долг, не свергнув или не убив главу государства (обязанность, которую уж точно нельзя приписать законом!), то Шахта обвинили во всех этих вещах и в придачу – в нарушении клятвы верности, данной Гитлеру, и в обмане Гитлера. Это было сочтено доказательством особой подлости (XII 597 [652-653]).

Для доказательства двуличности нацистов широко приводилось сделанное Шахтом замечание о необходимости лгать; при этом было забыто, что жертвой обмана в данном случае был не кто иной, как Гитлер.

Шахт делал по всем этим обвинениям едкие замечания, превзойдя в своём сарказме самого Геринга. Обвинитель Роберт Джексон, однако, так и не понял, что Шахт над ним попросту издевается (XII 416-493 [454-539], 507-602 [554-658]; XIII 1-48 [7-58]; XVIII 270-312 [299-342]).

Заявление Джексона о том, что он заставил Шахта сознаться во лжи, было всерьёз воспринято многими людьми, не знавшими, что Джексон был врождённым лжецом (см., например: II 438 [483]; IX 500-504 [555-559]).

Бальдур фон Ширах

Фон Ширах, бывший руководитель Гитлерюгенда, был обвинён в том, что он сговорился с миллионами детей завоевать весь мир в форме, похожей на ту, что носят бойскауты. В его защиту было сказано, что заговор с участием миллионов членов – это полный абсурд (XIV 360-537 [399-592]; XVIII 430-466 [470-509]).

Для достижения своих гнусных целей «заговорщики» практиковались в стрельбе из винтовок двадцать второго калибра (XIV 381 [420-421]) и распевали песни трёхсотлетней давности (XIV 474 [521]).

Вообще, обвинители в Нюрнберге умудрялись находить преступления повсюду. Так, в деле против СА статья об уходе за ногами была приведена в качестве доказательства «намерения ввязаться в агрессивную войну» (XXI 221-223 [248-250]).

Ганс Марсалек обвинил Шираха в том, что он знал о имевших место злодеяниях. Марсалек – это тот самый свидетель, который «вспомнил» о «признании» Франца Цирайса, коменданта концлагеря Маутхаузен, через год после смерти последнего. Эти «воспоминания» (шесть страниц дословных (!) цитат) были использованы против Кальтенбруннера (XI 330-333 [365-369]; XIV 436-440 [480-485]).

Ещё одно преступление Шираха состояло в том, что он был низким и толстым («низкий и толстый студенческий лидер» выступил с антисемитской речью; письменное показание Георга Цимера (Georg Ziemer), PS-244, XIV 400-401 [440-441]). Сам Ширах это обвинение отверг.

В свою бытность гауляйтером Вены Ширах якобы получал отчёты айнзатцгрупп. Эти «отчёты» представляют собой фотокопии «верных копий», составленных незнакомыми лицами на обыкновенной бумаге без каких-либо штампов и подписей и якобы найденных русскими в одной соляной шахте (II 157 [185]; IV 245 [273]; VIII 293-301 [324-332]).

Согласно этим документам, в Катынском преступлении повинны немцы (NMT IV 112, айнзатцгруппы).

Немцы якобы убили не то двадцать два миллиона (XXII 238 [270]), не то двенадцать миллионов (XXII 312 [356]) человек, после чего тела были сожжены, а документы закопаны. Однако, как известно, документы горят намного легче, чем тела.

Ширах и Штрайхер были введены в заблуждение «фотокопией» документа, якобы принадлежащего Гитлеру, в котором Гитлер «признаётся» в массовых убийствах (XIV 432 [476]; XII 321 [349]). Учитывая, что Гитлер был гением (X 600 [671-672]), а гении не убивают миллионы людей дизельными выхлопами и средством от насекомых, отнимающим 24 часа в случае с молью (документ NI-9912), значимость этого документа, похоже, была несколько преувеличена. В принципе, этот документ весьма типичен для Гитлера – он малосодержателен и содержит множество резких слов. Не ясно также, был ли Гитлер в 1945 году в здравом уме (IX 92 [107]). «Признание» Гитлера представляет собой «заверенную» фотокопию (документ 9, представленный защитой Штрайхера, XLI 547).

Артур Зейсс-Инкварт

Зейсс-Инкварт служит хорошей иллюстрацией того, как совершенно законные действия становятся преступлением, если их совершают немцы, в то время как аналогичные действия или действия, являющиеся преступлением согласно Уставу самого же Трибунала (например, бомбардировки Дрездена, незаконные согласно статье 6(b), XXII 471, 475 [535, 540]), называются небольшими перегибами в рамках священного похода по искоренению зла.

Согласно международному праву, оккупационные правительства могут издавать такие законы, какие они сочтут нужными (право, о котором заявил сам Трибунал, XXII 461 [523], однако этому противоречит XXII 497 [565-566]); подчинение их власти является обязательным. Оккупационные власти вправе вводить трудовую повинность в определённых рамках, конфисковывать государственную собственность, взимать налоги на покрытие затрат оккупации. Они не обязаны мириться с вооружённым сопротивлением, забастовками, публикацией враждебных газет, так же как и нанимать местных служащих, которые не будут подчиняться их приказам.

Подписание документов инициалами и распространение приказов не являются преступлениями по международному праву. В конце войны Зейсс-Инкварт помог избежать много ненужного разрушения, которое было бы противозаконным (XV 610-668 [664-726]; XVI 1-113 [7-128]; XIX 46-111 [55-125]).

Будучи рейхскомиссаром Голландии, Зейсс-Инкварт передавал приказы о казни членов Сопротивления после того, как они были приговорены к смертной казни за акты саботажа или вооружённое сопротивление (незаконные согласно Гаагской конвенции). Приговоры приводились в силу, если имели место новые акты саботажа. На Нюрнбергском процессе это было названо «казнью заложников». Понятие «заложник», однако, в данном случае является неверным (XII 95-96 [108]; XVIII 17-19 [25-27]; XXI 526 [581], 535 [590]).

Обвинение признало, что по международному праву подобные действия со стороны немцев были законными (V 537 [603-604]) и что членов Сопротивления можно было расстреливать (V 405 [455-456]).

4-й Гаагская конвенция о сухопутной войне от 18 октября 1907 г. содержит пункт о всеобщем участии (ст. 2); согласно ей, с воюющих сторон, нарушивших конвенцию, может быть потребована компенсация (ст. 3); бомбардировки «в любой форме» незащищённых городов, памятников культуры запрещаются (ст.ст. 23, 25, 27, 56). Гаагская конвенция не была ратифицирована Болгарией, Грецией, Италией, Югославией, но была ратифицирована царской Россией.

Альберт Шпеер

Шпеер был осуждён за использование миллионов людей в качестве рабов на немецких военных заводах, где их заставляли спать в писсуарах (документ D-288, письменное показание под присягой Вильгельма Йегера, обсуждавшееся в главе о Р. Хёссе) и пытали в серийно выпускавшихся «пыточных ящиках», замаскированных под обычные платяные шкафы (документ USA-897; подобные утверждения о причудливой маскировке позволяли обвинению представлять совершенно обычные предметы в качестве доказательства мнимых злодеяний).

По поводу данного обвинения Шпеер сказал: «Я считаю это письменное показание ложью... нельзя так втаптывать в грязь немецкий народ» (XVI 543 [594]).

Шпеер был из тех людей, что успешны при любом режиме. Он всегда говорил, что ничего не знал о «массовых убийствах», но вместе с тем сказал, что если бы заключённых сжигали с помощью атомных бомб (галлюцинация Роберта Джексона, XVI 529-530 [580]), то он бы об этом обязательно узнал.

Шпеер заявил, что у него имелся план убийства Гитлера посредством крайне изощрённого нервно-паралитического газа (XVI 494-495 [542-544]). Этот план так и не удалось воплотить в жизнь, поскольку соответствующий газ высвобождался только при высоких температурах (XVI 529 [579]).

Кстати, с Циклоном-Б (инсектицидом, якобы использовавшемся в газовых камерах) имеется схожая трудность – в том смысле, что жидкость должна испариться, и, если её не нагреть, то это займёт очень много времени. Вообще, передовые немецкие технологии и крупный рост немецкой промышленности делают просто смехотворными истории о том, что немцы убивали людей в газовых камерах и душегубках с помощью дизельных выхлопов или средств для насекомых.

Что ж, немецкий народ действительно было бы труднее «втоптать в грязь», не будь типов, подобных Альберту Шпееру.

Смотри о Шпеере здесь: XVI 430-588 [475-645]; XIX 177-216 [199-242].

Юлиус Штрайхер

Штрайхер был повешен за «разжигание расовой ненависти» – преступление, которое всё больше входит в моду. Случай с Штрайхером примечателен тем, что здесь страны, исповедующие принцип отделения церкви от государства, а также свободу слова и печати, сговорились с евреями и коммунистами, с тем чтобы повесить человека за выражение мнений, которые не обязательно были неправильными.

Одним из преступлений Штрайхера было опубликование в своей антисемитской газете «Штюрмер» приложения о ритуальных убийствах, совершаемых евреями. Обвинение открыто признало, что приведённые там иллюстрации были подлинными (V 103 [119]), а ссылки – достоверными. Помимо прочего, Штрайхер ссылался как минимум на одного признанного учёного, Эриха Бишофа из Лейпцига, а также на современные процессуальные действия (IX 696-700 [767-771]). Трибунал счёл, что изучение достоверности этих ссылок необоснованно затянуло бы процесс, и не стал заявлять, что данная статья является лживой. Взамен судьи прибегли к телепатии и приговорили Штрайхера к повешению за его предполагаемые мысли и мотивацию.

Другим преступлением Штрайхера было то, что он назвал Ветхий завет «жутким детективным романом» и сказал, что «эта «священная» книга изобилует убийствами, кровосмешением, мошенничеством, кражами и непристойностями». Никаких доказательств, которые бы опровергали эту точку зрению, представлено не было (V 96 [112]).

Штрайхер широко известен как «любитель порнографии», «сексуальный извращенец» и «аферист». Что касается его «порнографической коллекции», то при более близком рассмотрении оказалось, что это – архив Иудаики, хранившийся в редакции «Штюрмера» (XII 409 [445]).

Обвинение в «сексуальных извращениях», на котором особо настаивала советская сторона, основывалось на так называемом докладе Геринга – дисциплинарном партийном разбирательстве, возбуждённом по иску одного из многочисленных врагов Штрайхера. В итоге суд в Нюрнберге снял со Штрайхера это обвинение и вычеркнул его из стенограммы заседания. Штрайхеру было сказано, что ему не нужно отвечать на вопросы, связанные с этим обвинением (XII 330, 339 [359, 369]).

«Аферы с недвижимостью» также основывались на докладе Геринга и относились к одному-единственному случаю, связанному с предприятием «Mars-Werke». Лицом, ответственным за обвинения, содержавшиеся в докладе, было, по странному совпадению, лицо, ответственное за приобретение (V 106 [123]). В докладе говорится, что после расследования акции были возвращены предприятию, а Штрайхеру была возвращена заплаченная за них сумма – 5000 рейхсмарок.

Штрайхер поручил ведение всех своих дел своим управляющим, сказав им: «Не беспокойте меня деловыми вопросами. Есть вещи намного важнее денег». Штрайхер сообщил, что до самого конца войны его газета печаталась в небольшом домике, снимаемом в аренду. Это не была партийная газета, и Штрайхер не имел ничего общего с военными делами.

В суде в качестве свидетеля выступил один из служащих Штрайхера, сообщив следующее: «Любому, кто знает герра Штрайхера так, как я, известно, что он никогда ничего не брал у евреев» (XII 385-386 [420]).

Вторая жена Штрайхера Адель, выступая в суде, заявила: «Я считаю, что Юлиус Штрайхер никак не мог приобрести акции подобным образом. Думаю, что он даже не знает, как выглядит акция» (XII 391 [426]).

В Нюрнберге не утверждалось, что Штрайхер собственноручно писал все статьи для своей газеты. Название статьи «Trau keinem Fuchs auf grüner Heid, und keinem Jud' bei seinem Eid», переведённое обвинением как «Не верь лисе, что бы ты ни делал, так же как и клятве еврея» (XXXVIII 129), было позаимствовано у Мартина Лютера.

Что касается знаменитой статьи «Der Giftpilz» («Ядовитый гриб»), то она была написана одним из редакторов Штрайхера. В её основу легла подлинная история о знаменитом маньяке-педофиле, еврейском промышленнике Луисе Шлоссе (XII 335 [364-365]).

Впоследствии Шлосс погиб в Дахау, что стало ещё одним «нацистским злодеянием». Обсуждая гибель Шлосса, обвинение ни разу не упомянуло о том, что он был педофилом, сексуальным извращенцем; взамен было создано такое впечатление, что Шлосса убили только из-за того, что он еврей (документ PS-664, XXVI 174-187).

Никаких причинных связей между «антисемитскими убеждениями» Штрайхера, Франка или Розенберга и совершением какого-либо преступления найдено не было. Также не было доказано, что преступление, о котором идёт речь («холокост»), вообще имело место. Это было всего лишь допущено. Было также сочтено, что сочинения Штрайхера стали одним из мотивов, спровоцировавших это преступление.

Штрайхер сделал ряд «крайне неуместных» замечаний, которые были вычеркнуты из стенограмм заседаний и за которые он получил предупреждение, с согласия своего адвоката Маркса. Одно из этих замечаний должно было появиться на стр. 310 тома XII печатного издания, после пятого абзаца (стр. 337 немецкого издания, после тридцатой строки), но было удалено. Его, однако, можно найти на стр. 8494-8495 копии стенограммы заседания, полученной на мимеографе. Штрайхер сказал:

«Если вы позволите мне закончить рассказ о моей жизни, то это будет рассказ о том, что покажет вам, уважаемые члены Трибунала, что без согласия правительства могут происходить вещи, которые не являются гуманными, которые не соответствуют принципам гуманности.

Господа, я был арестован, и, когда я находился в заключении, со мною совершались вещи, в которых обвиняют нас, гестаповцев. Четверо суток я просидел в камере без одежды. Меня пытали горящими предметами. Меня швыряли на пол и заковывали в железную цепь. Меня заставляли целовать ноги негров, которые плевали мне в лицо. Два негра и один белый офицер плевали мне в рот, а когда я не хотел его больше открывать, они раскрыли мне его деревянной палкой; когда я попросил воды, меня отвели в уборную и сказали, чтоб я пил оттуда.

В Висбадене, господа, один доктор сжалился надо мной, и я заявляю, что директор госпиталя, еврей, обращался со мной корректно. Я говорю – не поймите меня неправильно, – что еврейские служащие, сторожащие нас здесь в тюрьме, обращаются с нами корректно и что врачи, лечащие меня, внимательны и тактичны. Из этого заявления вы можете увидеть разницу на данный момент между той и этой тюрьмой».

Ещё одно «неуместное замечание» должно было появиться после первого абзаца стр. 349 [379] тома XII и также было удалено. Прочесть его можно на стр. 8549 копии стенограммы заседания, полученной на мимеографе: «Чтобы избежать недоразумения, я должен заявить, что во Фрайзинге меня сильно избивали, и я провёл несколько дней без одежды, так что в итоге я потерял сорок процентов слуха, и люди смеются, когда я переспрашиваю. С тем, что со мною так обращались, я не могу ничего поделать. Поэтому я хочу ещё раз услышать вопрос».

На это подполковник Гриффит-Джонс ответил: «Я могу Вам это показать и готов повторить вопрос так громко, как Вы захотите».

Учитывая, что всё вышесказанное основывалось на личном опыте Штрайхера, а не на слухах, трудно понять, почему эти замечания были вычеркнуты, в то время как слухи, выгодные для обвинения, были оставлены (в принципе, материалы обвинения почти целиком состоят из устных и письменных слухов). Если обвинение не поверило показаниям Штрайхера, согласно которым его пытали, то они были вольны подвергнуть его перекрёстному допросу, дабы выявить возможные несоответствия и показать, что он, возможно, лжёт. Вместо этого ему попросту вынесли предупреждение и вычеркнули замечания из стенограмм заседаний. Вот вам и справедливый процесс.

Штрайхер заявил, что его призывы к «уничтожению» еврейства были, по большей части, вызваны союзническими бомбёжками и призывами к уничтожению немецкого народа, звучавшими с другой стороны: «Если в Америке писатель по имени Эрик [правильно: Теодор] Кауфман может открыто требовать проведения в Германии стерилизации всех мужчин, способных к продолжению рода, с целью уничтожения немецкого народа, то я говорю: «Око за око, зуб за зуб». Это чисто теоретический, литературный вопрос» (XII 366 [398-399]).

Смотри о Штрайхере здесь: V 91-119 [106-137]; XII 305-416 [332-453]; XVIII 190-220 [211-245].

www.cwporter.com

www.ingramcontent.com/pod-product-compliance
Lightning Source LLC
LaVergne TN
LVHW091544060526
838200LV00036B/701